U0348600

吉林外国语大学学术著作出版基金资助出版

T型模式

成就专精特新企业的底层逻辑

企业如何持续保持竞争优势？

什么才是适合专精特新企业的成长模式？

如何成为"精一赢家"？

企业如何得到支持？

丁威旭　[美] 李平◎著

机械工业出版社
CHINA MACHINE PRESS

VUCA 时代，面对复杂、多变的商业环境，企业如何保持竞争优势、长期生存成为难题，传统管理方式正在失效。在新的国内外竞争环境下，不断塑造自身的优势和赢得新机遇成为破解之道，而专精特新企业成为中小企业发展的重要方向。

本书创新地提出适合我国中小企业发展为专精特新企业的 T 型模式，并将其与前台、中台、后台的三台架构相结合，为中小企业梳理出清晰的发展路线图。本书还介绍了企业数字化能力建设的平台、模型和案例，为中小企业发展提供了重要的抓手。

本书共分为 5 章，第 1 章介绍 T 型模式的概念和为什么采用这个模式，第 2 章介绍如何构建和实施 T 型模式，第 3、4 章从宏观、中观和微观层面介绍政策、产业、资本如何赋能专精特新企业，以及企业内部如何提升数字化能力建设水平，第 5 章分析 6 个"小巨人"企业的 T 型模式设计。

北京市版权局著作权合同登记　图字：01-2024-2880 号。

图书在版编目（CIP）数据

T 型模式：成就专精特新企业的底层逻辑 / 丁威旭，
(美) 李平著. -- 北京 ：机械工业出版社，2024. 8.
ISBN 978-7-111-76490-8

Ⅰ. F279.243

中国国家版本馆 CIP 数据核字第 2024YX4302 号

机械工业出版社（北京市百万庄大街 22 号　邮政编码 100037）
策划编辑：刘　洁　　　　　责任编辑：刘　洁　李　浩
责任校对：肖　琳　李　婷　　责任印制：任维东
北京瑞禾彩色印刷有限公司印刷
2024 年 10 月第 1 版第 1 次印刷
170mm×230mm・11 印张・2 插页・120 千字
标准书号：ISBN 978-7-111-76490-8
定价：79.00 元

电话服务　　　　　　　　　　网络服务
客服电话：010-88361066　　机　工　官　网：www.cmpbook.com
　　　　　010-88379833　　机　工　官　博：weibo.com/cmp1952
　　　　　010-68326294　　金　书　网：www.golden-book.com
封底无防伪标均为盗版　　机工教育服务网：www.cmpedu.com

推荐序

我非常高兴将这本为中小企业赋能的新著——《T 型模式：成就专精特新企业的底层逻辑》的书稿摆放在案头。因为自身经历的关系，我常常对专精特新中小企业的论述给予特别的关注。得先睹之利，我认真阅读了本书，也愿意与大家分享一下读后的感想与体会。

描述中小企业管理之道的书籍琳琅满目，而从底层逻辑展开，用新思维、新模式、新语境阐释专精特新企业如何持续发展，不断提升竞争力，最终走上"隐形冠军"之路的著作却不多见。据有关部门统计，2022 年全国中小企业的数量为 5 200 万户。不难想象，这是世界各国中最大的企业群体，更是中国经济发展的基础与社会和谐稳定的支撑。市场经济是人类文明史上的一大创造，而企业和企业家是舞台上当之无愧的主角。中国特色社会主义市场经济犹如浩瀚无比的大海，千千万万的企业特别是中小企业犹如航行之上的征帆渡船，如何帮助驾驭航船的企业家把握航向，迎风斗浪，驶向光明的彼岸，是极为重要也是极富挑战性的事业。本书为此而生。

《T 型模式：成就专精特新企业的底层逻辑》（简称《T 型模式》）认真地描绘了中小企业要坚持走专精特新道路的重要原因。"专精特新"概念的提出已有时日，历经时间的沉淀与实践的检验，依旧在中小企业发展过程中发挥着重要作用。一大批中国中小企业踏上了高质量发展的大路。面对高度不确定性的时代风云，如何把握专精特新的要义，又好又快地发展，这是中小企业急切寻求的答案。《T 型模式》的作者匠心独具，运用自己的研究成果指出，为了稳固竞争优势并实现跨越式发展，企业必须寻求一种能够兼顾专业领域深化与多元市场需求相适应的战略模式。作者认为，要有效应对突飞猛进的技术革命和产业变革，企业不仅需要在自身专业领域达到精深水平，以确保核心竞争力的稳固。同时，企业还需要展现出足够的灵活性和敏捷性，才能敏锐捕捉稍纵即逝的市场机遇，以成功应对日趋复杂多变的市场环境，以及个性化、多样化、差异化的消费者需求。T 型模式就在这样的大变局下应运而生。该模式的核心在于平衡纵向和横向两个关键维度。纵向深度代表着企业在特定领域内的核心技术和专业能力，是企业持续创新和长期发展的基石；横向广度则是指企业将自身的核心技术和专业能力广泛应用于多个市场或产品领域，以满足市场的多样化需求。企业需要精心平衡纵向深度与横向广度之间的关系。企业只有确保两者在增长和发展中的协同作用并能保持平衡，才能在不断变化的市场环境中保持竞争优势并实现可持续发展。

《T 型模式》全面地阐述了中小企业如何构建专精特新道路的重要路径。作者通过深入观察与研究形成了对专精特新企业发展路径的新视角，即随着企业规模扩大，专精特新企业将逐渐成长为专精特新"小巨人"企业或单项冠军企业（细分行业市场份额排第一、第二的龙头企业）。作者指出，可以统称为"精一赢家"的专精特新"小巨人"与单项冠军企业，对于中国产业发展十分重要，是突破"卡脖子"困境的希望所在。我们可以看到，

"精一赢家"的成长与发展的特色，就是 T 型模式的运用与体现。企业只有在深度与广度两种核心竞争力达到整体、动态的有机平衡时，才能最终形成"精一赢家"的最佳战略布局。书中详述了企业在培育"精一赢家"而实施 T 型模式时可能面临的涉及组织结构调整、资源配置优化、市场适应性提升以及持续创新能力培养方面的挑战，并针对这些挑战提供相应的解决策略和建议。应该说，作者的认识颇有见地，即企业识别这些挑战并妥善予以应对，将会保证 T 型模式能够在企业内部得到成功应用，推动企业持续稳健地成长。

T 型模式从中国优秀传统文化和中国式管理中汲取了丰富营养，不仅涉及企业管理中新发展战略的构建与确立，还重在描述对企业具体管理手段的认识与运用。作者用"深""广"形象地阐释了 T 型模式的基本要义与着力点，更从中国古代哲学的角度论述了 T 型模式将"深"与"广"置于一体的道理。作者认为，着眼认识和应用 T 型模式，应把握"一专多能"的关键所在，简单地可以用 6 个字概括，即"深挖洞，广积粮"。"一专"（深挖洞）是指在企业发展的主导方向中持续不断地坚持创新，精进技术，打造品牌；"多能"（广积粮）是指企业立足于自身的独门绝技，不断拓宽产品的应用领域，通过满足客户多种个性化需求来形成细分领域的主导地位。从专精特新企业推进 T 型模式的底层逻辑角度来看，"专精"注重眼前企业运营效率与路径依赖应用，而"特新"则注重企业未来运营效果与路径突破，并以 T 型模式的应用求得均衡。

读者可以从《T 型模式》中看到，作者既引用了现代经济学的一些理论和实例打开思路，又介绍了国内一些专精特新领先企业和城市的实践情况，让人有耳目一新的感觉。书中介绍的大量实例是以宁波市和宁波企业为蓝本的。宁波市是经济发达和科技水平高的城市，有着众多中小企业，在浙江省拥有举足轻重的地位。截至 2023 年底，宁波市有效期内的专精特新中小企业共有 1 759 家，国家级制造业单项冠军企业总数达到 104 个，成为全国首个数量破百的城市，数量连续七年排名全国第一；国家级专精特新"小巨人"企业有 352 家，数量排名全国领先。《T 型模式》作者在宁波市有生活工作的经历，方便从长期跟踪中小企业发展的视角抵近观察专精特新企业，因此有更为深入的体会与认识。有道是实践出真知，这也是书中许多观点将会得到广泛认同的原因。

我与《T 型模式》作者之一的李平教授在几次讨论企业管理的活动中有所交往，为他对管理科学的深度认识，特别是对中小企业健康发展的执着与钻研点赞。李平教授有在国外围绕企业管理学科进行学习、工作的经历，回国之后在多所大学参与企业管理创新的教学与实践，此次携手国际知识管理领域享有声誉的青年学者丁威旭博士合作出版的《T 型模式》可以说是一部为中国企业，特别是为中小企业提升管理水平的力作。考虑到本书的读者对象，书中尽量用平实的语言讲述经济学理论和道理。无论是用以描述"T 型模式"的"深挖洞，广积粮"，还是用"独角兽、骆驼、老虎"来比拟三种经典的企业发展模式，都令阅读者享有一种亲切的代入感，于不知不觉中与作者产生共鸣。作者通过对国外发达市场经济国家创新型中小企业扶持政策和效果的解读，以及通过对国内大量"小巨人"和单项冠军企业成功经验的总结提炼，不仅可以为中小企业探索发展提供学习借鉴的思路，还可以为专家、学者提供来自一线的案例与理论思考，以及可以对政府部门制定支持中小企业专精特新发展的政策做参考。希望更多的中小企业管理者和相关人士从这本书中受益，期待中小企业园地中一批幼苗茁壮成长为参天大树，一片茵茵绿草铺满大地，中国经济的明天将更加美好。

中国企业联合会党委书记、常务副会长兼理事长、

中国企业家协会常务副会长

朱宏任

2024 年 6 月 8 日于日内瓦参会中

前　言

在当今 VUCA 时代背景下，企业面临着前所未有的机遇与挑战。随着商业环境的不断演变，传统的管理方式和经营模式正在失效。如何在充满变革的时代中保持竞争优势并实现长期生存，已成为每一个企业必须面对的重大课题。

自改革开放以来，尤其是在 2008 年全球金融危机后，中国企业在追赶西方先进企业方面取得了巨大成功。然而，中国企业管理经营水平距离世界一流企业仍有不少差距。"专精特新"被认为是中国中小企业的发展方向。从一个侧面来看，虽然中国专精特新企业在最近三年取得长足进展，但与德国及其他欧洲国家成熟的"隐形冠军"企业相比仍有很多不足。不言而喻，战略方向明晰之后，最难的就是选择具体战略路径。令人高兴的是，一些优秀的中国企业为其他企业的未来发展路径提供了独特启发，其关键在于如何把企业做大做强。例如，中国专精特新企业需要把企业规模做大，同时需要强化组织韧性，加强企业核心能力。为此目标，我们提出一个新的战略选择——"T 型模式"。该模式特点在于，一方面企业持续纵向深挖技术与品牌护城河，类似"深挖洞"；另一方面则不断横向拓宽产品与客户体验的相邻应用场景，类似"广积粮"。对于企业来说，光知道"深挖洞"和"广积粮"形成 T 型模式是不够的，更多时候，需要对其背后的逻辑有一个基本认知，这样才能做到灵活应用。

本书所探讨的内容，不仅是一种新的商业模式或管理理论，更是一种对未来企业发展路径的深入思考和探索。本书旨在帮助中小企业在复杂多变的商业环境中找到自身定位，塑造独特竞争力，实现可持续发展。本书的创作背景源于对当前国内外经济环境的深入分析。随着全球化进程的加速和科技的飞速发展，企业所面临的竞争环境日益激烈，特别是在新的国内外竞争环境下，传统的经营模式已经难以适应市场需求。因此，中小企业急需一种新的发展模式和经营理念来指导自身的发展。而"专精特新"正是这样一种符合时代需求的发展模式，它强调企业通过专业化、精细化、特色化、新颖化的手段，形成独特的竞争力优势，从而在激烈的市场竞争中脱颖而出。本书的创作意义在于为中小企业提供了一种全新的发展思路和解决方案。通过 T 型模式的构建和实施，企业可以更好地整合资源、优化流程、提升效率，形成自身独特的竞争优势。

同时，本书还深入探讨了企业数字化能力建设的平台和模型，为中小企业在数字化浪潮中抓住机遇提供了有力的支持。

全书结构紧凑、内容丰富，从 T 型模式的理论基础出发，逐步深入到构建和实施的具体步骤，再到政策、产业、资本的赋能，以及企业内部数字化能力的建设，最后通过案例分析为读者提供生动的实践参考。每一章都紧密相连，共同构成了本书完整的理论体系和实践框架。中小企业、北交所拟上市企业的中高层管理者，关注产学研结合的企业家，研究机构的研究人员、学者及产业投资人等都可以从本书中获得启发和帮助。

我们真诚地希望本书能够对广大读者有所帮助和启发。在阅读本书时，建议读者结合自身企业的实际情况进行思考和运用，以达到最佳的学习效果。

  在本书的撰写过程中，我们得到了众多专家、学者和企业家的支持与帮助。在此，我们向他们表示衷心的感谢！同时，也感谢广大读者对本书的厚爱与支持！让我们携手共进，在 VUCA 时代里共同探索中小企业发展的新路径，共创美好的未来！

丁威旭、李平

（作者同等贡献，依据拼音音序排列）

2024 年 6 月

目　录

第 1 章

T 型模式：赋能专精特新企业的新思路

本章精要

- 专精特新企业与“隐形冠军”企业的区别与联系
- 适合我国专精特新企业成长的 T 型模式
- 为什么 T 型模式是专精特新企业成功的底层逻辑

伴随改革开放 40 余年的发展，中国已经跃居成为全球第二大经济体，然而中国企业在某些方面与西方发达国家的相比仍有一定的差距，特别是处在价值链上游的"五基"领域（即基础零配件、基础材料、基础工艺、基础设备、基础软件）的差距最为明显。然而"五基"领域又是解决"卡脖子"问题的关键所在。所以对于专精特新企业的培育与孵化势必成为中国经济中长期发展所需关注的焦点。

"专精特新"是一个新概念，顾名思义，指的是企业具备专业化、精细化、特色化、新颖化这四方面特征。在本书中所指的专精特新企业为中小企业。随着企业规模扩大，专精特新企业将逐渐成长为专精特新"小巨人"企业，或我们可称之为单项冠军企业（细分行业市场份额数一数二的龙头企业）。本书中我们将专精特新企业，专精特新"小巨人"与单项冠军企业统称为"精一赢家"。我们认为这类企业对于中国产业发展非常重要，需要得到重视。这类企业也是突破"卡脖子"困境的希望所在。此外，我们研究专精特新企业，并从中探索中国企业，特别是中小企业发展的借鉴性模式。

为此，针对"精一赢家"的成长与发展的特色，我们提出一个全新的战略类别，称为"T 型战略"（也称"T 型模式"）。T 型战略的特点可以简单地用 6 个字概括，即"深挖洞，广积粮"。T 型战略下的企业一方面要持续坚持纵向深挖技术与品牌护城河（类似"深挖洞"），另一方面则要不断横向拓宽产品与客户体验的相关多元化应用场景（类似"广积粮"）。我们如果只是简单地知道"深挖洞"和"广积粮"分别形成"T 型战略"中 T 的纵向一笔和横向一笔是远远不够的，还需要对其底层逻辑有一个基本认知后才能付诸实践。

在本章中，我们首先将阐述专精特新企业与"隐形冠军"企业的区别与联系；其次，我们将具体阐述适合中国专精特新企业成长的 T 型模式；最后，我们将阐述为什么 T 型模式是成就专精特新企业成功的底层逻辑。

1.1 专精特新企业与"隐形冠军"企业的区别与联系

在我们有关"专精特新"主题的讲座中，一些企业家听众会问到一个问题，所谓的专精特新企业是不是类似于德国的"隐形冠军"，是否可以认为所谓的专精特新企业就是中国的"隐形冠军"企业？我们会认为两者有相似之处，但是也存在明显的不同。

最早提出"隐形冠军"企业这个概念的是德国管理学家赫尔曼·西蒙（Hermann Simon）。顾名思义，一般"隐形冠军"企业都不被大众熟知，但是其在某细分行业或市场占据绝对的领先地位。西蒙在《隐形冠军》一书中总结出"隐形冠军"企业的三个标准：其一，全球市场份额排名前三或国内前三；其二，年收入低于 50 亿欧元（约人民币 400 亿元）；其三，社会知名度低。例如，德国生产滤水器的企业碧然德（BRITA），论起知名度而言，并不太出名，但是其市场份额占据全球同类产品数一数二的地位。类似情况还有德国生产鱼类加工设备的企业巴德尔（Baader），以及全球香烟机械生产厂家虹霓（Hauni）等。

首先，我们可以发现，专精特新企业在聚焦细分赛道、"专精"方面和"隐形冠军"企业有类似之处。其次，专精特新企业与"隐形冠军"企业类似之处在于它们都是中小型企业。就全球市场占有率而言，包括国家级专精特新"小巨人"企业或单项冠军企业在内，能达到赫尔曼·西蒙说的国际市场占有率前三的"隐形冠军"标准可能比较少。如果是国内市场占有率前三，国家级专精特新"小巨人"企业或单项冠军企业则差不多能达到。据《中国新闻周刊》的文章显示，德国"隐形冠军"企业有 3 700 家，日本也有几千家。截至 2023 年，中国工信部公布的 800 余家国家级单项冠军中，有 400 多家可算是中国的"隐形冠军"企业，数量远远落后于德国和日本。

其实，中国的专精特新企业和德国的"隐形冠军"企业还是有明显的不同的。我们做了以下归纳，如表 1-1 所示。

表 1-1　中国专精特新企业和德国"隐形冠军"企业的区别

维　　度	中国专精特新企业	德国"隐形冠军"企业
知名度偏好	强调知名	强调隐形
上市偏好	常常偏好上市	不偏好上市
发展速度	快速成长	慢速发展
竞争优势区分程度	同质化程度较高	聚焦在细分市场的高端
国际化水平	国际化水平参差不齐	高度国际化

首先，与德国"隐形冠军"企业强调"隐形"不同，中国的专精特新

企业往往强调社会知名度，其原因可能和企业资本化需求有一定的关系。与德国的"隐形冠军"不偏好上市和公募的方式不同，中国专精特新企业往往倾向于资本扩张和走资本扩张道路。基于此类考虑，中国专精特新企业如果考虑上市，会考虑投资者关系、社会知名度、企业快速扩张等因素。因此，在企业发展速度、社会知名度的需求上，和德国"隐形冠军"企业是截然不同的。

其次，60%以上的德国"隐形冠军"企业都是 B to B（企业对企业）制造业企业，并且聚焦在细分市场的高端。中国专精特新企业同质化程度相对较高，竞争优势区分程度尚不如人意。其实这点也和我们在上文中说到的，在全球市场占有率上，中国的专精特新企业很少可以达到全球前三这一现状相验证。

最后，在国际化水平上，中国的专精特新企业的国际化水平参差不齐，而德国的"隐形冠军"企业则体现出高度国际化的特点。其实这点可以反映在对外贸易依存度上，中国的对外贸易依存度从 20 世纪 80 年代中后期的 25%增长到 20 世纪 90 年代后期的 40%左右，于 2006 年达到 67%的顶峰；此后慢慢回落，2011 年降至 50.1%，2023 年则低至 33%左右；而德国对外贸易依存度在过去几十年不断增长，20 世纪 70 年代约在 30%，20 世纪 80 年代达到 40%左右，2006 年为 57%，2019 年高达 70.8%，2023 年为 70.63%，近几年一直保持在 70%左右。

在对比中国的"精一赢家"（专精特新企业与单项冠军企业的统称）后，我们会发现大多数中国企业是在过去几十年中借助巨大的内需市场而崛起的，而且是以成本与对本土市场深度把握为其核心优势。大多数中国企业有个共性，即从产业低端起步，而且是下游市场导向，在过去很长一段时间从模仿西方发达企业的过程中不断发展起来。

在中国改革开放 40 余年的历程中，也发展出一些"精一赢家"，以中国中车为例，其生产的零部件就占到了全球市场的 40% 以上份额。中车是名副其实的"精一赢家"，还有像宁德时代、新华三之类的也算。截至 2024 年 6 月工信部在国内已认定八批共 1 557 家国家级制造业单项冠军企业。企业研发强度逐年提升，九成以上的单项冠军企业在国内市场占有率排第一。中国"精一赢家"在专业深耕的基础上也能做扩展与跨界，但是产品的多元场景应用还是不够。因此，**我们更建议中国的"精一赢家"在过去专注某一领域取得较大市场份额和一定技术突破之后，可以大胆尝试并积极努力向相邻市场拓展，将业务延伸至周边相关领域，尤其是其核心技术的非常规或非常态的全新应用场景。**

相比较而言，德国"隐形冠军"企业在此方面的成功可以被借鉴，例如克恩-里伯斯（Kern-Liebers）所生产的弹簧产品，使用场景就较为广阔，例如可用于汽车安全带领域，还可用于家电、电工工具、高铁接触网等众多应用场景。中国"精一赢家"与德国"隐形冠军"企业相比，我们在借鉴德国"隐形冠军"企业成功经验的同时，也在一直探讨适合中国专精特新企业成长的独特模式。

1.2 适合我国专精特新企业成长的 T 型模式

在 20 世纪 90 年代，美国军方用 VUCA（易变性、不确定性、复杂性、模糊性）来形容战争环境，后来这个概念衍生到商业领域用来形容商业环境的复杂多变且充满惊喜[⊖]，称为乌卡时代。例如 2020 年突如其来的新冠疫情，重创了整个世界经济，加上正在涌现的"逆全球化"趋势正考验着无数企业，尤其考验它们长期生存的成长逻辑与发展模式。来自美国未来研究所（Institute for the Future）的学者更是在他们 2022 年发表的一篇文章中提出 BANI（Brittle、Anxious、Non-linear、Incomprehensible，即脆弱性、焦虑感、非线性和不可知），也被称为巴尼时代，以描述全球主要经济体增速放缓、地缘政治的不确定性增加、科技进一步向前的环境。

这正是再次提出警醒的时候：**没有永远成功的企业，只有顺应时代的企业**。在充满高度不确定性的今天，其实是时代给现代企业带来新的机遇与挑战。为应对高度不确定性的商业环境，企业的成长模式需要遵循企业长远发展规律的路径，而不是一成不变。在研究中国企业发展模式时我们会发现，有很多企业在一段时间内取得了辉煌的成绩，但是并没能一直保持竞争优势。企业只有经受住了时代风浪的考验，才能算是顺应时代，才会被证明是有效的企业发展路径。从 2020 年以来，有些企业在严峻的市场

⊖ 丁威旭，大卫·蒂斯，李平. 阴阳平衡思维方式与动态能力理论——VUCA 时代企业"灰度"动态能力决定企业高度[J]. 清华管理评论，2019（11）：35-41.

生存环境中倒下了，但是令人惊喜的是，也有少数企业迎来新一轮成长的机遇。所以，无论面对的考验与挑战是一场短暂的"暴风雪"，还是一个持续的"严冬"，企业可以借此机会来审视和反思，什么样的成长模式才是时代真正需要的。

1.2.1　三种经典的企业发展模式的对比

从 2013 年开始，有种短期导向的"独角兽"发展模式备受追捧。独角兽是投资界的术语，一般指成立不超过 10 年，估值超过 10 亿美元，少部分估值超过 100 亿美元的未上市的企业。其特点是高举高打，快速通过资本融资的手段占领市场，一时间可以说是风光无限。"独角兽"模式更偏向于 T 型模式的横向维度，即通过资本快速扩大横向广度核心竞争力，在短期快速扩展市场应用，迅速扩张并占领市场。然而，特别是在 2020 年疫情期间及之后，这种短期导向的"独角兽"发展模式似乎不灵了，不少独角兽企业在开始的时候势头非常猛，后来慢慢就变得不温不火。除这种短期导向的独角兽型企业外，我们在不断探索新兴的企业发展模式。

在 2020 年 4 月，美国硅谷的一位风险投资专家亚历山大·拉扎罗（Alexandre Lazarow）在他的《破界：如何改写硅谷规则》一书中指出，近年风光无限的独角兽型企业，整体绩效与投资回报率远低于预期。作者深刻剖析了独角兽型企业为何失灵，进而提出了骆驼型企业，以此取代独角兽型企业。骆驼型企业，顾名思义，是汲取了骆驼的生存智慧与精神内核的企业。骆驼是一种能在极端环境中生存的动物，不仅能在炎热干燥的沙漠中行走自如，还能在寒冷的山地气候中顽强存活。在现代经济的大潮中，骆驼型企业正是秉承了这种坚韧与适应的精神，它们不以短期的快速增长为目标，而是更注重在缓慢而稳健的发展中锻造企业的韧性与适应能力。骆驼型企业更偏向于 T 型模式的纵向维度，它们通过基于长期的技术研发，苦练内功来做到"深挖洞"，稳扎稳打提升企业的纵向深度核心竞争力。

此外，在 2017 年，另外两位欧洲作者在发表的专著 *Camels, Tigers & Unicorns: Re-thinking Science & Technology-enabled Innovation*⊖（《骆驼、老虎和独角兽：重新思考科技创新》）中，提出一个鲜为人知的老虎型企业。老虎型企业既具有独角兽型企业高举高打、快速占领市场的能力，又能像骆驼型企业那样稳扎稳打、走长期道路。老虎型企业的特征和我们所提到的 T 型模式的特征相似，它们既有基于短期快速占领市场的横向广度核心竞争力，又有基于长期发展、扎根技术研发的纵向深度核心竞争力。如表 1-2 所示，我们将以上两种新兴模式与独角兽型企业模式进行对比，在结合以上两本书的研究后加入自己的研究成果，归纳总结出三种不同类型企业发展模式的特点。

⊖ PHADKE, U. ,VYAKARNAM, S. . Camels, Tigers & Unicorns:Re-thinking Science & Technology-enabled Innovation. London:World Scientific Books, 2017.

表 1-2 独角兽型、骆驼型、老虎型企业对比

企业发展模式	特　征	例　子	优　势
独角兽型	独角兽型企业的成长模式，也可以称为"硅谷模式"，是一种以高速成长为核心的企业发展模式，高成长带来高估值、高市场占有率，创业团队及投资人可以从中获利	Uber、Robinhood、Airbnb 等	在企业初创期，有其合理性与必要性，快速赢得市场，获得高增长，有助于企业站稳脚跟，为后期发展打下初步基础（早期依赖大量补贴的"花钱换增长"也为日后发展埋下隐患）
骆驼型	骆驼型企业着眼于长远的战略思维，奉行长期主义，相信时间的力量；专注于打造满足客户关键需求的产品或服务，以实际创造的价值获利，不依赖大量靠补贴赢得的高速增长；其发展速度与行业发展速度持平一致，因此发展速度较慢	Atlassian、Grubhub、Qualtrics、Zoom 等	因为不依赖"花钱换增长"，基本上保持平稳可持续的发展态势，成本总体可控；稳扎稳打的发展增强了企业的抗风险能力，企业的持续性和适应能力突出，能够将挑战转化为优势，并保持长期领先优势
老虎型	兼具独角兽型企业的高举高打与骆驼型企业的稳扎稳打的综合特征	小米、申洲国际、舜宇光学等	在技术或商业模式上领先于行业，从而得到资本市场的适当认可，其相对较高的投入与估值使其能够整合较多资源；具备清醒的战略敏捷性，不在较高成长过程中丧失应变能力

　　整体来看，我们会发现在 VUCA 时代，独角兽型企业的光环已经退却，走了样的"硅谷模式"逐渐演变成资本围猎的游戏。相较而言，骆驼型企业与老虎型企业避开了独角兽型企业的资本游戏陷阱。但是，如果仅从外

在特征的角度进行归类，不能更深入地揭示企业成长的本质规律，我们也就难以为企业如何做到骆驼型企业或老虎型企业提供可供参考的方法路径，更缺乏对当下 VUCA 时代企业成长困惑的回应。

我们用上述三种动物比喻的三类企业成长模式，具有很强的阶段特征（时间维度）。

创业初期，初创企业大都要经历难挨的"骆驼阶段"，可谓内忧外患。首先，内部成本资源消耗巨大，经验和能力不足。其次，外部市场开拓困难，绩效盈利微薄。尤其对于先天禀赋不足的创业企业，受创始团队资源与能力有限、所在地区及行业对创业不够友好等因素影响，会加剧骆驼阶段的困难程度。

然而，与常规骆驼阶段不同，对于环境条件与先天禀赋充裕的创业企业，则有可能踏上独角兽型企业的幸运轨道，在弹药充足的支撑下，一路高歌猛进。

如果初创企业成功跨越"骆驼阶段"，或"独角兽阶段"，企业就会开启占山为王的"老虎阶段"，既沉淀了充足的资源，又有宽广的护城河；既能在短期竞争中保持强大优势，又能在未来布局中占领先机。在赢家通吃的互联网及高技术行业，这样的企业成长阶段性路径颇为明显。腾讯、阿里巴巴、微软、谷歌等互联网行业的巨头，都呈现出这种成长路径。

从企业分布的行业特征（空间维度）看，在大多数传统行业与高度细分而难以具备通用性的高技术行业中诞生的创业企业，主要以骆驼型企业为主。因为传统行业高度成熟，想象与成长空间相对有限，创业企业只能从资源夹缝中缓慢精进以求生存。而在高度细分的高技术行业，因其产品或服务通用性较差，难以拓展规模优势或形成垄断地位，也只能以自己精进的技术或服务依附于成熟的产业链条求得生存。

与此相对，具有"风口"机遇的幸运行业，易于获得资本的追捧，尖端前沿的高技术领域同样容易得到资本的青睐，因而在形成风口和引领业态的行业中容易诞生独角兽型企业。

相对而言，产生老虎型企业的行业分布更为宽广，但大多是行业进入成熟平稳阶段（"老虎阶段"）之后。当然，这些行业的长期发展易于孕育集大成者，甚至垄断巨头，其稀缺性高于独角兽型企业。需要明确的是，"占山为王"的"老虎阶段"不等于老虎型企业，只是说后者常常在前者中产生，但前者同时也可产生垄断巨头，而垄断巨头常常滋生大组织难免的惰性，因此不能长期保持敏捷的应变能力。

总之，以上三类企业的成长模式都具有一定的时空局限性，难以概括跨越企业所处行业和所在发展阶段的企业成长规律，也无法更深入地诠释企业成长壮大的根本逻辑和基本路径。

1.2.2　T型模式的提出

在辨析现有企业成长模式利弊、总结大量企业成长案例的基础上，尤其是借鉴类似专精特新企业、专精特新"小巨人"、单项冠军等"精一赢家"

的成长模式后，我们提出了 T 型模式，其特点是"一专多能"，"一专"（深挖洞）是指在一方面持续坚持纵向深挖技术与品牌护城河，"多能"（广积粮）是指在另一方面不断横向拓宽产品与客户体验的相关多元化应用场景。T 型模式则是既能做到纵向"深挖洞"，又能做到横向"广积粮"，两者协调平衡发展。

　　"一专多能"最初是用来形容人才的，这个词语的意思是指一个人在某个特定领域具有深厚的专业知识和技能，同时还能掌握其他相关领域的基本知识和技能。对于企业来说，一专多能代表企业既能聚焦主业，深挖护城河，又能多元化发展。立足于"一"，着眼于"专"，但同时兼顾"一中有多"与"专中有博"，这点很符合中国古代阴阳平衡的思维模式。在逆境下，"一专多能"模式可以调整为以发扬骆驼型企业优势为主；在平稳情境下，则以发挥老虎型企业优势为主。各行各业均可以培育"精一赢家"。在以耐力、定力为本的传统行业中，"一专多能"模式专于挖掘"一"（护城河），而努力发掘拓展不断扩大的市场应用场景（"多"）。在以创新为本的高科技主导行业中，该类型企业则以灵活机动或者集中资源突破关键环节为主，在快速成长的同时，筑牢长远发展的根基。

　　鉴于当前企业成长模式及其逻辑的不足，我们认为，**"精于一业，业内第一，国际领先"的深度**（同时体现企业发展时间的长期性），**再加上"应用场景"广泛的广度**（同时体现企业发展时间的短期性），**两者兼顾平衡可以更好应对 VUCA 时代的挑战。**从战略能力的视角来看，"一专多能"很巧妙地构筑了一个 T 字形，"一专"表示以技术深耕的纵向深度核心竞争

力，"多能"表示快速通过产品多元化形成的横向广度竞争力。T 型模式的
辨析如表 1-3 所示。

表 1-3 "一专多能"的 T 型模式辨析

要 素	深 挖 洞	广 积 粮
战略角度	一专：技术纵向核心竞争力	多能：产品横向核心竞争力
环境因素	以聚焦应对逆境与顺境	以多元化应对逆境与顺境
适用行业	各行各业	
行业侧重	传统行业挖掘"一"拓展"多"； 高科技企业筑牢根基（"一"）	传统行业拓展"多"； 高科技企业快速拓展（"多"）
核心特点	技术的深度了解与开发； 资源能力与组织结构的稳定性与统一性	市场的深度了解与开发； 资源能力与组织结构的敏捷性与多样性

首先，T 型模式源自我们基于宁波余姚的舜宇光学的成长模式的启发。
起初舜宇光学只生产普通光学镜头（如相机镜头、显微镜镜头、望远镜镜头
等），后来逐渐扩展到生产手机镜头、监控系统镜头、医疗镜头，最近进入
车载智能镜头、智能制造相关镜头等新兴领域。目前，舜宇光学的年销售额
规模约 400 亿元，其中期目标更是要成为千亿元级企业。在中国，规模能达
到如此之大的"隐形冠军"企业不多，但舜宇光学仍然可以被认为是一家
"隐形冠军"企业。因为它始终聚焦在镜头技术方面专精深耕，只是把镜
头技术的应用拓展到广阔的多元场景。我们将之总结为**"专精核心能力的
应用多元化"**。

从此角度来看，"隐形冠军"企业成功的关键不在于规模大小，也不在

于是否"隐形"，而在于是否"专精"或"专一"，同时是否能够不断拓宽产品与客户体验的相关应用场景。此外，舜宇光学的总体战略是充当"名主角"的"名配角"，为大型系统集成商提供核心零配件。为此，我们建议将这种类型的"隐形冠军"（hidden champion）改称为"精一冠军"（niche champion），这样可能更为恰当。如果"隐形冠军"企业比其他企业更早迎来发展瓶颈或天花板，舜宇光学的"专精核心能力的应用多元化"战略，就能帮助其成为既强又大的新型"精一冠军"，或新型中国式"隐形冠军"企业。

图 1-1 所示为中小企业中专精特新企业、专精特新"小巨人"企业、"隐形冠军"企业、制造业单项冠军企业这四类企业的对比分析。

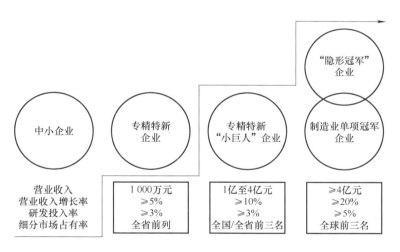

图 1-1　企业的对比分析

当然，也有人提出质疑，如果相对单一的专精核心技术被全新技术颠覆或取代怎么办？我们认为，被全新技术颠覆的行业在大多数情况下只会相对萎缩，而不会被彻底取代。以柯达为例，虽说普通老百姓已经不用柯达胶卷了，但是专业拍电影的高级摄影师还会用光学胶片，其利润率反而很高。这也表明企业依托原有技术，寻找新的市场与应用场景的可能性与重要性。从阴阳平衡的思维模式出发，我们可以超越常规假设，即只能选择"大而全"或"小而精"的假设。企业未来全新战略模式可以兼顾平衡悖论双方：**在核心技术方面选择以"小而精"为主，但在该核心技术应用场景方面则选择以"大而全"为主。**

因此，最初舜宇光学兼顾平衡专精核心能力与应用多元化这种新型战略模式引发了我们的初步思考，而柯达胶卷依托技术寻找新场景的思路同样引发了我们的好奇。我们开始探索归纳一种既可以做到横向广度方面的"大而全"，又能做到纵向深度方面的"小而精"，并且二者还能平衡发展的战略模式。这就是舜宇光学对我们构建"T 型模式"的最初启发。

此外，20 世纪 90 年代在人力资源领域提出的"T 型人才"或"T 型知识结构"也给我们提供了另一方面的参考与启发。T 型人才是指按知识结构区分出来的一种新型人才类型。用字母"T"来表示这些人才的知识结构特点。字母 T 由一横一竖构成。其中横向（"—"）表示有广博的知识面，纵向（"|"）表示知识的深度，而两者结合的 T 表示既有较深的专业知识，又有广博的知识面。换句话说，这种人才结构不仅在横向上具备比较广泛的一般性知识修养，还在纵向专业知识上具有较深的理解能力和独到见解，因此具备较强的创新能力。

这类集"深"与"广"于一身的人才一般都是特殊人才，常常能够产生较大的发明创造。历史上古代有百科全书式的天才亚里士多德与达·芬奇等，现代的有诺贝尔化学奖获得者欧文·朗缪尔，他一生中共获得十几个名誉博士学位，并在原子物理学、表面化学等领域做出了重大贡献。与之相对比，法国的格勒欧洲中子技术研究所负责人先前由于缺乏"T 型"科技素质，使整个研究所的工作处于不理想的状态。后来从巴黎大学请来的一位年仅 39 岁的声学教授接任了研究所的领导职务，他以"交叉型"素质和"极佳的组织才能"，很快带领这个中子技术研究所的研究工作走到世界科学前列。

在管理学领域，我们也可以看到跨学科通才赫伯特·亚历山大·西蒙与詹姆斯·马奇，尤其是前者在约 20 个学科占据学科创始人地位，所获学术奖项包括诺贝尔经济学奖、图灵奖、美国心理学家协会终身成就奖等。西蒙在自传中这样评价自己："我诚然是一个科学家，但是是许多学科的科学家。我曾经在科学迷宫中扮演了许多不同角色，角色之间有时难免互相借用。"

许多科学实验表明：大多数人往往对一些从表面上看似乎微不足道的情况不予理会，然而正是这类情况的发展对其研究生涯造成致命的后果。相反，科学研究中经常出现一种有趣的情境，即通过交叉型的交往，有时凭借不同行业的人的一句无意的话，就能避免一次可怕的，乃至毁灭性的失败。交叉型的交往对培养现代科技人才，使其站在世界科技前列，具有方法论意义。这是"T 型人才"或"T 型知识结构"对我们构建"T 型模式"的后续启发。

与此相似的观点还有"种群生态学"（Population Ecology）在企业组织领域的应用，可以称之为"企业种群生态学"。此领域研究特意区分以特色专长（Specialist）为战略导向的企业种群与以普适全面（Generalist）为战略导向的企业种群。前者类似于人才类型中的专才，而后者则类似于人才类型中的通才。

我们认为"T型模式"的核心特点是既注重专业深耕，又兼顾跨界拓展，因此取得深挖"护城河"与广泛应对 VUCA 情境多样性两者的有机平衡。前者以对单一领域的技术与市场两大方面的深度了解与开发来构建一种以深度为维度的核心竞争力，我们称为"深度核心竞争力"（可用"深挖洞"做比喻）。后者则以资源能力与组织结构两大方面的敏捷灵活来构建另外一种以广度为维度的核心竞争力，我们称之为"广度核心竞争力"（可用"广积粮"做比喻）。因此，"深挖洞"和"广积粮"是构成"T型模式"的两大要素或维度，二者缺一不可。最后，**在 VUCA 情境下，企业的深度与广度两种核心竞争力达到整体、动态的有机平衡才是最佳战略布局。**

1.2.3 为何 T 型模式适合中国的"专精特新"

对于"隐形冠军"企业，即具体细分市场领域领军企业（我们更愿意用"精一赢家"企业一词）而言，"T型模式"具有特殊意义，尤其是在专注本业与多元化营业两者平衡融合这方面，这些企业的产品开发技术专长就像 T 字母横向的一笔，需要不断挖掘提升核心竞争力；而其产品应用场景拓展就像 T 字母纵向的一笔，需要不断扩展、丰富市场需求。

"T 型模式"的纵向一笔（深度核心竞争力）可以骆驼型发展模式为代

表，也是我们所推崇的企业应该具有的骆驼精神与工匠精神。任何光鲜亮丽的成功只是"果"，而背后下的苦功夫才是"因"。成功企业就像一棵大树，根深才能叶茂；上面的枝叶有多茂盛，下面的根系就要有多深厚。因此，童子功是靠不为人知的苦功夫与笨功夫长期练就的，而不是靠"玩嘴皮子"或当"网红"就可以解决的。正如任正非回顾华为公司的成长历程时所说："没有哪一件事情是容易的，所幸我们都坚持了下来"。这正是"深度核心竞争力"的精髓所在。

需要指出的是，光有骆驼还不够，还要有老虎。"T 型模式"的横向一笔（广度核心竞争力）可用老虎型发展模式为代表。我们还以大树为例，根深非常关键，但它不能代替叶茂。叶茂以及与此高度相关的花与果，除了需要根深以外，还需要阳光等其他情境条件，这些可以被视为新时代情境条件。老虎的敏捷灵活可以有效应对 VUCA 情境，包括威胁与机会，因此代表了广度核心竞争力。

我们认为，中国的"精一赢家"未来要把规模和市场做大，需要强化组织韧性⊖，就要采用"T 型模式"布局：一方面持续纵向深挖技术与品牌的护城河，类似于"深挖洞"；另一方面不断横向拓宽产品与客户体验的相邻应用场景，类似于"广积粮"。

对于很多"精一赢家"而言，因常年扎根在某一细分领域而在该领域拥有绝对领先地位。在技术上"深挖护城河"的企业案例还是有很多的，例如

⊖ 本书指的组织韧性，是指"韧性作为应对各种逆境的理想组织特征，能够帮助企业从危机中快速恢复，并利用危机实现逆势增长"。见 DUCHEK S. Organizational resilience: a capability-based conceptualization[J]. Business research, 2020, 13(1): 215-246.

成立于 1996 年的远大住工是中国装配式建筑行业中首家完整运用全流程数字信息化体系的企业。其创始人张剑在 20 多年前接受媒体采访时就表示"唯有专业，才能创造独特未来，投机没有未来"。在"不投机、专业、专注"价值观的指引下，远大住工 24 年只做了"装配式建筑"一件事，目前其市场占有率位居中国第一。不同于德国"隐形冠军"企业 60%以上都是 B to B 制造业企业，并聚焦细分的高端市场，**中国的专精特新企业群体的同质化程度较高，竞争优势区分程度尚不如人意，所以其护城河的打造是目前企业战略转型的重中之重。这不局限于中国专精特新企业，而对中国所有企业都是如此，而且更为迫切，**因为中国大多数企业还无法像中国专精特新企业在各自行业处于领头羊的有利竞争地位那样。

中国企业大多数是在过去几十年中借助巨大内需而崛起的，而且是以成本和对本土市场深刻把握为核心优势的企业。例如，在轨道交通行业，中国中车是全球 66%的轨道交通的供应商，而某个零部件合作商只有中车一个客户，但它生产的那款高铁零部件占了中车 70%以上的份额，所以这家企业生产的零部件就占到了全球市场 40%以上的份额，是名副其实的"隐形冠军"企业。对于这类企业，如何巩固其既有优势，保持低成本，让自己的产品更具价格优势，同时持续维护好与大客户的关系，是其深挖护城河的根本。

"T 型模式"的横向一笔指横向拓展。中国"精一赢家"虽然在专业深耕的基础上做了一定程度的跨界拓展，但和德国"隐形冠军"企业比起来，应用场景还不够多元。因此，**中国"隐形冠军"企业需要考虑在过去专注某一领域取得较大市场份额和一定技术突破之后，积极努力向相邻市场拓展，**

将业务延伸至周边相关领域，尤其是在其核心技术的非常规或非常态的全新应用场景。相对而言，德国"隐形冠军"企业在此方面取得独特的成功，如前文提到的克恩-里伯斯所生产的弹簧产品不仅用于汽车安全带，还用于家电、电工工具、高铁接触网等众多应用场景。此外，在企业发展历史上，拓展某项技术的多元应用场景的例子比比皆是，包括众多原有军工技术在民用领域的广泛应用（如激光唱片，GPS 导航等）。即使现在我们每天在用的互联网技术以前也是先应用在军事领域。在 1991 年 8 月，美国正式将互联网技术由军用转为民用，从而引起了全球互联网的热潮。

我们再拿专注做塑料吸管的双童为例。在专注做好吸管这一品类 25 年后，其产业已经发展到了极限点，要跨越非连续的鸿沟，双童就需要突破"一根吸管"的局限。一个可能的破局点就是即将推出的可降解膜袋项目。目前，双童已经将吸管品类从十多个延伸到近千个，在横向品类拓展方面迈出了关键一步，未来如果双童可以将吸管的应用场景延伸到更多高科技领域，则会产生更大的利润空间。因此，企业只有增加更多的市场应用场景才能达到"T 型模式"布局中横向拓展能力的提升。

在"T 型模式"纵横布局方面最有代表性与示范意义的企业有字节跳动（以人工智能算法为核心技术广泛应用于多元场景）、小米（以构建生态体系方式复制成功商业模式）、大疆（以无人机技术为核心广泛应用于多元场景），以及华为（以 5G 技术广泛应用于多元场景）。此外，数字化转型可为"T 型模式"的纵横布局提供有力赋能，尤其是如何让纵横布局形成交叉互补的协同效能。最后，"T 型模式"纵横布局还需更为具体的实操落地措施，包括以纵横布局两大维度为标准，评估对比具体行业群体里企业的不同布局与定位（如海尔、美的、格力、小米等企业之间的对比评估）。在第2章中，我们将详细阐述如何构建与实施T型模式。

总之，"T型模式"强调深挖"护城河"（"深挖洞"）与广泛应对VUCA情境多样性（"广积粮"）两者的有机平衡。前者通过深耕技术和品牌构建"纵向深度核心竞争力"，使企业能够在专业领域内保持长期领先地位。而后者，则通过高效的资源配置与灵活的组织结构调整，形成"横向广度核心竞争力"。这种竞争力强调企业在多变环境中的快速适应能力和跨领域的资源整合能力，快速迭代产品，构建多元化应用场景。在复杂多变的VUCA情境下，企业不仅要深耕专业领域以保持技术优势，还需灵活调整资源分配和组织架构，以广泛应对各种机遇和挑战。如果企业通过深度耕耘与广度拓展的有机结合，形成了一种动态而全面的竞争优势，那么对于企业在高质量发展中实现新质生产力至关重要。这种双维度的核心竞争力平衡策略，无疑将成为推动企业未来高质量发展的关键战略模式。

1.3 为什么T型模式是专精特新企业成功的底层逻辑

T型模式与中国传统哲学中的阴阳平衡思维有着异曲同工之妙。在中国传统文化中，阴阳平衡、相生相克的理念深入人心，追求和谐与平衡的思想构成了其核心理念。这种追求与T型模式不谋而合，共同揭示了企业发展的深层逻辑。

在 VUCA 情境下，悖论已成为管理领域最为普遍且关键的挑战。北京大学马浩教授在其著作《战略的悖论》中指出，悖论是指相互矛盾、冲突对立的要素在同一陈述中同时出现和共同存在。企业管理中的悖论无处不在，如企业长期发展与短期利益的兼顾、个人利益与集体利益的平衡等。而詹姆斯·马奇关于探索（exploration）与利用（exploitation）的双元兼顾（ambidexterity）讨论，也是悖论的经典例子。

T 型模式正是解决这些悖论的有效方式。以被誉为"精一赢家"的申洲国际为例，其在服装行业中独树一帜，成功的秘诀正是在于深刻理解和运用了 T 型模式。申洲国际在纵向上专注于纺织、印染、设计、裁剪到成衣的全产业链深耕，构筑了坚实的核心竞争力；同时，申洲国际在横向上积极拓展多元化的市场应用场景，成功实现了从 OEM（原始设备制造商）生产到 ODM（委托设计与制造）的转型升级。这种"纵横 T 型布局"正是阴阳平衡思维的生动展现，纵向的专注深耕，如同"阴"的一面，强调内敛、积累和沉淀；而横向的多元拓展则如同"阳"的一面，注重开放、发散和创新。二者相互补充，共同支撑了企业的稳健发展。

此外，"精一赢家"的理念也与中国传统文化中的"忧患意识"紧密相连。这种对未来的深刻忧虑和不懈追求，正是推动企业不断创新、持续发展的强大动力。在"精一赢家"的成长过程中，"精一"体现了企业对某一领域的深度专注和持续投入，"赢家"则彰显了企业在市场竞争中的领先地位和成功果实。

总体来说，T 型模式与中国哲学之间的联系为专精特新企业的成功提供了有力的理论支撑和实践指导。这些企业在充满高度不确定性的市场环境中，凭借 T 型模式的战略指导和中国哲学的智慧启迪，不断探索、勇于创新，成为各自领域的佼佼者。例如，舜宇光学、安翰科技等"精一赢家"都成功运用了 T 型模式，实现了"聚焦"与"多元"的有机平衡。

值得一提的是，在众多行业中，"精一赢家"凭借 T 型模式的指导取得了显著的成功。以申洲国际为例，这家企业不仅是中国最大的纺织服装代工厂，还在面料研发上执着得近乎"痴狂"，申请了众多专利，并参与国家标准的修订。其成功的秘诀在于深刻理解和运用了 T 型模式，实现了纵向深耕与横向拓展的完美结合。

此外，"一专多能"模式的成功案例也充分证明了 T 型模式的有效性。这些企业深度挖掘某一细分市场需要的多元技术，在创新发展基础之上拓展多元具体市场应用场景。这种"纵横 T 型布局"是"一专多能"模式的最佳业务布局，其业务中的"纵"与"横"两个维度相生相克，达到阴阳平衡。这一布局不仅提升了组织的韧性，还与中国传统文化一脉相承，对组织韧性具有独特意义。

从底层逻辑角度来看，"专精"注重眼前运营效率与路径依赖应用式学习，而"特新"则注重未来运营效果与路径突破式学习。特别需要指出，"T 型模式"对于价值链上游的"五基"领域的"精一赢家"尤其有效。这些企业在上游核心技术方面聚焦深耕，即"T 型模式"的纵向维度；同时，在下游的具体市场应用场景方面开拓扩张，即"T 型模式"的横向维度。这种布局使得企业能够同时获得规模放大效应和多元互补效应的双重优势。

综上所述，T 型模式不仅是培育专精特新企业的重要战略指导，更是这类企业成功的底层逻辑。它与中国哲学之间的联系在企业管理中得到了完美体现，共同强调了平衡、和谐与创新的重要性。在充满高度不确定性的市场环境中，专精特新企业凭借 T 型模式的战略指导不断探索、勇于创新，成为各自领域的佼佼者。

结　语

我们认为专精特新企业的成功，关键在于它既能短期快速增长，敏捷应对市场变化，又能长期技术深耕，稳定发展。截至2023年8月，我国已累计培育专精特新中小企业9.8万家，其中专精特新"小巨人"企业1.2万家，它们在各自的细分领域拥有核心技术和市场优势，是中国产业转型升级的重要推动者。

在本章中，我们将"精一赢家"与赫尔曼·西蒙提出的"隐形冠军"企业对比，相似之处在于两类企业都强调精于一业，世界领先。"精"指精专，在技术、管理等核心竞争力上，追求卓越，深挖"护城河"；"一"既是专注本业，心无旁骛，又是志存高远，长期保持业内第一；精而能专，专一则强，"惟精惟一，允执厥中"[⊖]。因此，"精一"之道是体现企业成长模式万变不离其宗的第一本质规律，即该发展模式的"一专"纵向维度。此外，"精一赢家"与"隐形冠军"企业相异之处在于前者不但强调万变不离其宗的长期稳定，还强调企业灵活多变的敏捷机动性，尤其是在纵向深度基础上不断开拓广泛多元的应用场景。因此，"多元"之道也是企业成长模式裂变演化的第二本质规律，即该发展模式的"多能"横向维度。需要特别指出，"精一赢家"（立足于"T型模式"）所涵盖的战略悖论鲜明体现了中国哲学阴阳平衡思维的基本内容。

⊖ 出自《尚书·大禹谟》，意思是只有精诚专一，实实在在地实行中正之道。

在本章，我们还分析了不同企业成长模式的优劣。虽然不同的企业成长模式都有局限性，"一专多能"模式既能快速占领市场，又能支持企业长期发展，是中国专精特新企业良好发展的良方。T 型模式的纵向一笔代表"一专"，其横向一笔代表"多能"，纵向核心竞争力强调技术深耕和横向核心竞争力强调市场拓展和产品多元化应用，纵向深度核心竞争力和横向广度核心竞争力两者相平衡，才是在环境充满高度不确定性的今天，支持专精特新企业良好发展的战略模式。在第 2 章里，我们将阐述企业如何构筑 T 型模式，且如何赋能专精特新企业，在第 5 章里将结合具体案例解释专精特新企业具体的成长路径是什么以帮助中国的专精特新企业快速成长。

万物得其本者生，百事得其道者成，其中也包括具有生物多样性的丰富生态。"一专多能"模式摒弃独角兽型企业发展模式，转而采用骆驼型企业与老虎型企业平衡融合的新型发展模式，以"精专主业+多元场景"为初心，以阴阳平衡为原则，以长期主义为指导，以敏捷机制为手段。"一专多能"模式回归企业的活水源头，遵循企业成长的本质规律，摒弃浮躁心态、机会主义以及过于注重眼前利益的短视。这样的企业成长逻辑与路径，才是更为可取的创业与经营之道。对于当前企业转型升级、高质量发展以及自主创新的紧迫任务而言，"一专多能"模式具有重要指导意义。"可久则贤人之德，可大则贤人之业。"⊖ "一专多能"模式是企业基业长青、兴旺发达的基因密码。

⊖ 可以长久的，是贤人的德泽；可以成为伟大的，是贤人的事业。

第 **2** 章
如何构建和实施 T 型模式

本章精要

- T 型模式与企业生态型组织三台架构
- 企业 T 型模式的构建思路
- T 型模式实施的四大挑战与回应

在第 1 章里，我们详细阐述了什么是 T 型模式，以及为何它适合中国的专精特新企业成长。我们可以总结出 T 型模式的特点是纵向"深挖洞"与横向"广积粮"的有机平衡，这一平衡体现在对特定领域的深度挖掘与广泛资源的有效整合上。然而，我们仅仅理解 T 型模式的核心要点——"深挖洞，广积粮"——是远远不够的。

在这一章中，我们将更深入地探讨 T 型模式与生态型组织三台架构（前台、中台、后台）之间的内在联系。我们将分析前台如何捕捉市场动态并快速响应，中台如何提供灵活的资源配置与支持，以及后台如何确保稳定高效的运营管理，从而共同构建一个协调且敏捷的组织体系。此外，我们还将具体呈现中国企业构建 T 型模式的思路，并提供实操指导，帮助企业将理论与实践相结合，真正发挥出 T 型模式的潜力。

但正如任何战略模式的实施都会面临挑战一样，T 型模式在实践过程中也会遇到诸多问题。在本章的最后部分，我们将重点关注企业在实施 T 型模式时可能面临的四大挑战，并针对这些挑战提供相应的解决策略和建议。这些挑战可能涉及组织结构调整、资源配置优化、市场适应性提升以及持续创新能力培养等方面，而我们的目标是帮助企业识别并克服这些障碍，从而确保 T 型模式能够在企业内部得到成功应用，推动企业持续稳健成长。

2.1　T 型模式与企业生态型组织三台架构

2.1.1　T 型模式与三台架构的内在关系

三台架构是指将组织分为前台、中台和后台。前台一般需要直接面向客户，对接需求，小而精的灵活机动项目化团队直接对客户的多元定制化需求负责。中台则通过模块化与标准化，为前台提供大而全、高共用性、高重复使用性的资源配置与赋能服务平台。而后台则是对前台和中台进行长期战略指导、基础研发、未来市场培育、企业文化与领导力培养。在 2015 年，阿里巴巴提出"小前台、大中台"战略，并于 2023 年对中台战略提出了新的主张，曾经能够代表阿里巴巴组织形式的中台即将成为历史。一时间，企业是否要建中台引起了人们热议。纵观阿里巴巴"拆中台"的行为，更多是将中台的业务变"薄"，但依旧保留了中台的业务能力。所以从现实上来说，阿里巴巴并没有完全"拆中台"，而是把中台和后台进行调整以更好地赋能前台业务。

在高度不确定性的今天，三台架构有一个很大的优势是可以平衡"眼前"和"未来"。具体来说，小规模的前台和中台协作能够应对当前市场的快速动态发展和短期盈利需求，解决企业眼前的生存问题。后台则是基于长期未来集中精力进行基础性研究和战略性探索。换言之，后台以其长期导向与前台和中台的短期导向达成平衡。

三台架构还有一个重要的作用是解决一个在管理上古老的话题——分工与协作。与传统科层制企业的金字塔形结构不同，三台架构更像一个橄榄球形的结构，前、后台各占一头，中间宽阔的腹身是中台。如果我们用人体做比喻，那么前台可以比作四肢，中台则是躯干，后台是头脑。如图 2-1 所示⊖，前台（四肢）是最直接执行任务的，而且任务可分解成最小单元；中台（躯干）向前台（四肢）做任务执行与导向赋能，并强调相互依赖条件下的高度协作；后台（头脑）强调长期思考与布局，做方向指引与导向赋能。

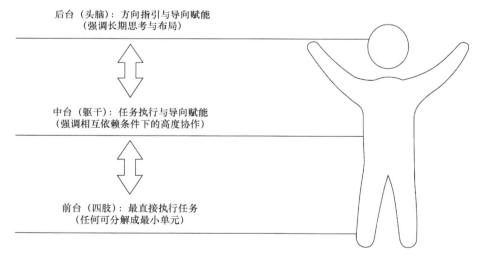

图 2-1　三台架构图

⊖ 李平，孙黎，邹波，薄清文. 虑深通敏 与时偕行——三台组织架构如何应对危机[J]. 清华管理评论，2020，79-85.

在充分了解三台架构后，大家可能会问，本书所提到的"T 型模式"与"三台架构"之间又存在哪些必然的内在关系呢？

在第 1 章里我们强调在高度不确定性的今天，企业只有做好深度耕耘与广度拓展两大核心竞争力，只有这两方面均达到高度发展的状况下才能取得全面的、可持续的竞争优势。因此，两者整体而动态的兼顾平衡显得格外重要，势必成为企业未来发展不可或缺的战略模式。换言之，T 型模式综合考虑企业战略布局的深度与广度两大维度，也同时考虑战略时间短期与长期的平衡。

从企业架构的角度看，T 型横向广度维度与三台架构中的前台高度一致，而 T 型纵向深度与其中台和后台高度一致。更进一步分拆，我们还可将 T 型纵向一分为二，上段算是中台（靠近前台，直接为前台赋能），而下段则可视为后台（靠近中台，直接为中台赋能，间接为前台赋能），如图 2-2 所示。值得特别指出的是，前台与中台的互动界面，以及中台与后台的互动界面具有特别意义，其设计直接涉及赋能的有效性。

在高度不确定性的今天，企业面对来自市场的诸多变化，敏捷前台可以快速应对并根据变化快速响应。前台需要如 T 型模式的横向，做到"广积粮"。换句话说，前台能够敏捷捕捉不断变化的市场需求，快速响应市场需求，以产品多元化发展提升企业横向广度核心竞争力，满足企业短期生存需要。中台和后台具有赋能作用，是企业纵向深度核心竞争力的体现。前台当遇到困难时，提需求给中台，中台给前台赋能，协同满足企业短期需求。中台遇到不能处理的，则将需求反馈给后台，后台相当于企业总大脑对中台进行赋能，以处理长期导向的需求。这样设计既考虑到企业战略布局的深度与广度两大维度，又考虑到战略时间短期与长期的平衡。

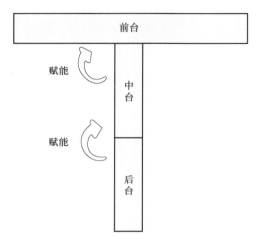

图 2-2 中台和后台赋能前台

2.1.2 战略、组织、产业视角下的 T 型模式

首先，我们尝试从战略理论的视角看 T 型模式。在 1992 年，宏碁集团创始人施振荣先生为了"再造宏碁"提出了有名的"微笑曲线"（Smiling Curve）理论，以作为宏碁的策略方向。简单来说，微笑曲线理论是指在附加价值的观念指导下企业体只有不断往附加价值高的区块移动与定位才能持续发展与永续经营。微笑曲线的高附加值的两端，一端是价值链上游的研发设计，一端则是价值链下游的市场营销，如图 2-3 所示。从微笑曲线的角度理解，企业要想获得高附加值，就需要不断向高附加值的两端（研发设计与市场营销）进行扩展。

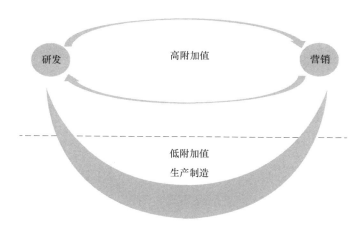

图 2-3　微笑曲线

在近年的研究中[⊖]，我们与其他学者将技术和市场两大维度与动态能力进行整合，并引入了微笑曲线的概念。技术与市场的互动关系，构成了动态能力发展的核心驱动力，并决定了动态能力的核心内容。技术能力的提升不仅增强技术本身，同时也驱动市场能力的提升。反之，市场能力的增强也会促进技术能力的进步。在微笑曲线的模型中，技术和市场两大维度的互动与融合，就如同微笑曲线的两端，而动态能力则是连接这两端的桥梁。从这点上，我们可以更清晰地理解动态能力的形成和作用机制。

以希音（SHEIN）、安克（ANKER）这样的新型电商企业为例，它们以内部研发和营销为核心竞争力，如图 2-4 所示，首先获取市场营销数据反馈，然后研发设计提高产品的迭代，形成微笑曲线高附加值两端之间的良性循环。在微笑曲线中突出了位于高附加值两端的研发与营销，但是过去没有

⊖ 李平，程兆谦，周是今．"T 型战略"：聚焦细分与多元化融合[J]. 哈佛商业评论（中文版），2021（4）．

解释这两端是如何互动、如何整合的。然而，T 型模式表明，尤其是在数字化转型基础上，研发和营销互为杠杆，相互赋能。

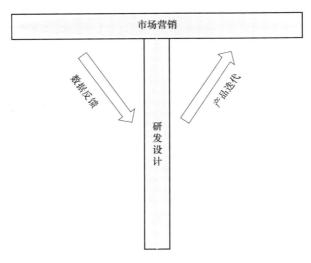

图 2-4　研发和营销互为杠杆

　　其次，我们尝试从组织理论的视角看 T 型模式。詹姆斯·马奇是组织决策研究领域的杰出学者之一，他对该领域的贡献卓越非凡。马奇提出的组织学习理念，实质上寻求的是一种微妙的平衡：即在应用与探索之间找到最佳点。组织若想良好地适应环境，就必须在这两者之间取得平衡。过度偏向于应用的组织可能会深陷于逐渐过时的技术，无法自拔；而过度偏向于探索的组织则可能永远无法实现其创新的价值，因为一个优秀的创意也需要在组织具备足够的实施能力之后才能真正发挥其潜力。因此，我们在应用与探索之间找到恰当的平衡点，对于组织的长期发展和成功至关重要。

2019 年，我们在和大卫·蒂斯（David Teece）的合作文章[⊖]中将动态能力与詹姆斯·马奇的组织学习中的"探索与应用"理念结合，将动态能力进一步细分为"探索式动态能力"与"应用式动态能力"两大类型。前者注重突破式创新（如同另辟蹊径的大步跳跃），而后者则侧重于改良式创新（如同路径依赖的小步快跑）。

将技术和市场两大维度、动态能力、双元性学习三方整合，我们可以更为有效地解释双元性学习两大维度（即应用式学习与探索式学习）的互动平衡过程，以及双元性学习与动态能力的内在联系。

如果技术能力与市场能力（以及技术开发过程与市场开发过程）缺乏互动与融合，每一个能力维度只单独发展，那么只能产生路径依赖式的应用式学习，因为单一维度倾向于自我强化原有能力。这被称为"一阶"或"低阶"要素。与此相反，如果技术能力与市场能力（以及技术开发过程与市场开发过程）密切互动与融合，两大能力维度能共同发展，则能产生突破性的探索式学习，因为不同能力的互动能够打破自我强化倾向。这被称为"二阶"或"高阶"要素。[⊖]

具体而言，纵向技术开发维度与横向市场营销维度都包含探索式与应用式两个层面。如图 2-5 所示，基于眼前的市场多元化，以及眼前的技术聚焦，呈现的是眼前的小 T 型，随着企业不断发展，眼前的小 T 型变成未来

⊖ 丁威旭，大卫·蒂斯，李平. 阴阳平衡思维方式与动态能力理论——VUCA 时代企业"灰度"动态能力决定企业高度[J]. 清华管理评论，2019（11）：35-41.

⊖ 李平，程兆谦，周是今. "T 型战略"：聚焦细分与多元化融合[J]. 哈佛商业评论（中文版），2021（4）.

的大 T 型。用通俗、易于理解的语言来说，企业一方面需要"深挖洞"，深挖护城河；另一方面需要"广积粮"，扩展市场应用。这也是专精特新企业和专精特新"小巨人"等"精一赢家"良性发展的路径。

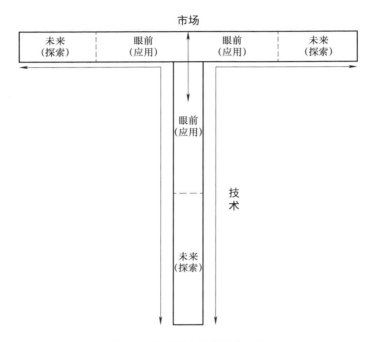

图 2-5　T 型模式的探索和应用

以舜宇光学为例，舜宇光学刚开始的核心技术聚焦于眼前（应用）的玻璃镜头，应用场景先开始主要是照相机镜头，随后拓展至显微镜、望远镜等使用玻璃镜头的领域，这样构筑基于眼前（应用）的小 T 型。到了 2003年，舜宇光学探索基于未来（探索/突破）的树脂镜头，这依然是光学镜头核心技术的一种创新应用。此后，舜宇光学继续将树脂镜头技术应用于自动驾驶车载镜头、机器人镜头、机床镜头、医疗设备镜头以及 AR（增强现实）/

VR（虚拟现实）镜头等领域，形成了丰富的产品线，从而构筑基于未来（探索/突破）的大 T 型。

最后，我们尝试从产业的视角看 T 型模式。T 型模式由两部分组成，第一部分是纵向深耕单一聚焦领域，以技术原创为核心；第二部分是横向扩展多元化市场应用场景，具有高度开放潜力。这就是聚焦与多元化悖论双方的平衡与整合，即在产业供应链的上游进行聚焦，而在其下游进行市场多元化，让上游聚焦与下游多元化互为杠杆，形成良性循环。上游的竞争优势主要来自规模效应，因为其技术的共享没有多少成本，也就是技术在市场应用的成本非常有限。换言之，规模效应意味着企业经营规模的扩大没有增加多少成本。与此相对，下游的竞争优势则主要来自组合效应，组合效应强调差异化多元组合带来的独特价值。上游的规模效应与下游的组合效应两者平衡融合，可以实现企业战略的最佳成效。

综上所述，T 型模式通过上游聚焦与下游多元化的有机结合，实现了企业战略的最佳成效。在当今这个快速变化的时代，采用 T 型模式的企业无疑将更具灵活性和适应性，从而能够更好地应对市场的各种挑战。

2.2 企业 T 型模式的构建思路

在当今快速演变的市场环境中，企业既面临着前所未有的挑战，又迎接着充满潜力的机遇。为了稳固竞争优势并实现跨越式发展，企业必须寻求一种能够兼顾专业领域深化与多元市场需求适应的战略模式。

技术的不断革新和全球化的深入推进，使得市场环境日趋复杂多变，用户需求也愈发个性化和多样化。在这样的背景下，企业不仅需要在自身专业领域达到精深水平，以确保核心竞争力的稳固；同时还需要展现出足够的灵活性和敏捷性，以便敏锐捕捉稍纵即逝的市场机遇，并精准满足用户的差异化需求。

然而，当前环境的不确定性为企业带来了更大的挑战。无论是政治、经济格局的微妙变化，还是科技领域的颠覆性创新，都可能对企业的生存和发展产生深远影响。因此，如何在确保短期风险应对和生存能力的同时，不损害长远发展的潜力和持续创造价值的能力，已成为企业亟待解决的问题。

T型模式为解决上述问题提供了有效路径，该模式的核心在于平衡纵向和横向两个关键维度。纵向深度是持续创新和长期发展的基石，通过持续的研发投入和技术创新，企业可以逐步构建起难以被模仿或替代的竞争优势，从而在专业领域内占据领先地位。通过不断拓展横向广度应用场景，企业可以扩大市场份额、提升品牌影响力，并实现收入来源的多元化，从而增强整体抗风险能力。

在构建T型模式的过程中，企业需要精心平衡纵向深度与横向广度之间的关系。**只有确保两者在增长和发展中的协同作用并能保持平衡，企业才能在不断变化的市场环境中保持竞争优势并实现可持续发展。**

从技术型企业、传统制造业企业到互联网生态型企业，T 型模式都展现出广泛的适用性。无论企业规模大小或行业领域如何，只要能够围绕自身核心技术和专业能力进行深度挖掘，并积极拓展应用场景以满足市场多样化需求，就能构建起有效的 T 型模式。

2.2.1　技术型企业的 T 型模式构建：以舜宇光学、光峰科技、华为 5G 事业部为例

我们将那些深耕于特定领域、具备卓越技术和显著市场份额的专精特新企业、专精特新"小巨人"以及单项冠军企业，统称为"精一赢家"。这些企业借助 T 型模式的推动，往往能够实现规模的显著扩张，甚至达到百亿元乃至千亿元水平的年度营收水平。然而，它们与字节跳动、小米、华为等这样的行业巨头相比，规模仍然相对较小。值得注意的是，这些超大型企业在构建 T 型模式时，展现出与众不同的特点。下面列举三家企业说明该类型企业的 T 型模式构建思路，如表 2-1 所示。

表 2-1　技术型企业 T 型模式构建

	纵向深度核心竞争力	横向广度核心竞争力
舜宇光学	尖端光学技术、精密机械与先进电子技术	镜头多元化场景
光峰科技	激光荧光显示技术	激光光源器件和激光引擎
华为 5G 事业部	5G	云 VR、车联网、智能制造

作为综合光学产品制造的佼佼者，舜宇光学成功地将尖端光学技术、精密机械与先进电子技术融入大规模生产中。尽管始终专注于镜头领域的深度耕耘，但舜宇光学并未因此受限，而是积极将其镜头技术应用于多元化的市场场景。这种以专有技术为核心、多元化应用为延伸的模式，为舜宇光学在国内外市场的显著成功给予重要支撑。

同样值得关注的是深圳的光峰科技，这家专注于激光显示系统的企业，其年营收规模在 20 多亿元。尽管其产品被广泛应用于多个市场场景，但光峰科技始终坚守激光显示这一核心业务。凭借独有的激光荧光显示技术，光峰科技成功开发了多种激光光源器件和激光引擎。这种以核心技术为支撑、多元化应用为拓展的 T 型模式，使光峰科技在激光显示领域崭露头角。

然而，与舜宇光学和光峰科技专注于单一核心技术并在多元场景中应用来构建 T 型模式不同，华为的情况更为复杂。作为全球通信技术的领军企业，华为拥有超过 20 万的员工队伍，其业务规模和复杂度远超一般企业。因此，华为难以像舜宇光学或光峰科技那样仅依靠一项核心技术来构建整个企业的 T 型模式。

相反，华为更像是由众多事业部构成的多个 T 型模式的集合。以华为的 5G 事业部为例，该部门将 5G 作为纵向的核心技术基础，并广泛将其应用于横向的多元行业场景，如云 VR、车联网、智能制造等。除了 5G 外，华为还在云计算、人工智能等领域进行了深入的布局和拓展。基于这些技术，华为推出了华为云、华为 AI 等一系列产品和服务，为企业提供全方位的数字化转型解决方案。类似华为这样的超大型企业，在构建 T 型模式时，往往以事业部为单位构建多个 T 型模式，再共同组合而成，这样的企业还有腾讯和阿里巴巴。

2.2.2　传统制造业企业的 T 型模式构建：以舍弗勒和克恩-里伯斯为例

在传统制造业领域，我们拿德国企业舍弗勒和克恩-里伯斯的 T 型模式构建举例，如表 2-2 所示。这两家企业分别专注于轴承和弹簧系列产品的研发、生产与销售。

舍弗勒作为轴承产业的领军企业，其核心竞争力在于能够设计与制造出高精度、高可靠性的轴承。这一技术优势为舍弗勒的轴承产品在全球范围内的广泛应用奠定了坚实基础。依托此核心技术，企业成功研发出满足汽车、铁路、航空、风电等多个行业需求的轴承产品，有效满足了市场的多样化需求。

表 2-2　传统制造业企业 T 型模式构建

	纵向深度核心竞争力	横向广度核心竞争力
舍弗勒	轴承设计与制造	汽车、铁路、航空、风电等产业的轴承产品
克恩-里伯斯	弹簧技术	汽车制造、电子设备、机械制造等领域的弹簧产品

与此同时，克恩-里伯斯是一家来自德国的制造业企业，在弹簧制造领域展现了卓越的技术能力。该企业专注于弹簧技术的研发与创新，并具有多

项有自主知识产权的核心技术。这些技术的价值体现在其弹簧产品中，使得克恩-里伯斯的产品能够被广泛应用于汽车制造、电子设备、机械制造等多个产业领域。

舍弗勒与克恩-里伯斯均被誉为德国的"隐形冠军"企业。它们不仅深入挖掘各自的核心技术，以此作为品牌发展的坚实基础，还成功地将核心技术应用于多个场景，实现了业务的多元化拓展，这种发展策略恰似构建一个T型模式。值得一提的是，国内也有类似的企业，如激光装备行业的领军者大族激光。该企业不仅将激光及加工设备技术应用于消费电子领域的PCB（印制电路板）、显示面板等方向，还成功地布局了激光智能制造与动力电池等非标应用领域，与上述两家德国企业展现出相似的发展策略。

在T型模式中，制造业企业一般具有在所在领域具有竞争力的核心技术，然后围绕这一技术不断开发出系列化产品，以满足不同产业和市场的需求。 这种模式既保证了企业在某一领域的专业优势，又通过产品的多元化应用提升了企业的市场占有率和盈利能力。

总之，舍弗勒和克恩-里伯斯通过专注于核心技术和产品的多元化应用，成功地构建了有效的T型模式。这种模式不仅提升了它们在传统制造业中的市场竞争力，也为其他企业提供了宝贵的借鉴经验。

2.2.3　互联网生态型企业的T型模式构建：以小米、字节跳动为例

不同于上述扎根核心技术持续构筑纵向T型模式的技术型企业和传统制

造业企业，互联网生态型企业（如小米和字节跳动等）展现出独特的战略布局，如表 2-3 所示。

表 2-3　互联网生态型企业 T 型模式构建

	纵向深度核心竞争力	横向广度核心竞争力
小米	生态链设计和中台（生态平台）	爆品，智能家居、出行等应用场景
字节跳动	强中台（人工智能算法）+后台（企业文化和战略智库）	前台（产品设计"地毯式孵化"）

小米以精湛的商业生态链设计能力为基石，打造了其纵向深度的维度。这一维度不仅为小米提供了稳固的支撑，更成为其独特的生态平台与基础设施，充分凸显了小米在纵向深度上的卓越竞争力。与此同时，从早期的小米手机到后续的智能家居产品，如护眼灯、电饭锅等，每一次的多元化创新都展现了小米在横向广度上的实力。这些丰富多彩的产品都如雨后春笋般崭露头角，迅速壮大，为小米在广度上的竞争力增添了浓墨重彩的一笔。2024 年，小米巧妙地将其在生态链设计和资源整合方面的核心竞争力延伸到汽车制造领域，孵化出小米 SU7，彰显了小米在不同领域间灵活应用与创新的能力。

综上所述，小米所有产品的拓展都以其强大的生态链设计与执行能力为坚实的后盾，而各种爆品与应用场景则在前台绽放出多彩的光芒。这两者之间的和谐共生，共同构建了小米独特的竹林式生态环境，使其在激烈的市场竞争中脱颖而出，独树一帜。

字节跳动的 T 型模式具体体现在扮演纵向深度维度作用的中台与后台上，以及扮演横向广度维度作用的前台上。字节跳动的中台为技术部门，以人工智能算法为核心技术，而其后台为企业文化与战略智库。强中台是字节跳动的深度核心竞争力，字节跳动通过成立单独部门支持不同产品的开发，做改良式创新（小步快跑）。当遇到中台解决不了的技术问题时，后台可以强化基础性设施的突破式创新（大步跳跃）。后台与中台的密切合作可以增强提升纵向深度核心竞争力。

此外，字节跳动的前台为具体多元产品设计团队。对于前台产品设计，字节跳动采用"地毯式孵化"，同一时间推出多个差异化产品做测试，以此来提高字节跳动 T 型模式的广度核心竞争力。最后，字节跳动通过后台赋能中台，中台赋能前台，将横向广度核心竞争力与纵向深度核心竞争力达到有机平衡。

总之，字节跳动的纵向后台与中台稳健深扎是其深度核心竞争力的体现，而前台将技术广泛应用到多元市场场景，是其广度核心竞争力的体现。

2.3　T型模式实施的四大挑战与回应

T 型模式作为一种全新的企业竞争战略与商业模式，其核心在于纵向深入挖掘技术开发，同时横向广泛拓展市场应用，实现了聚焦与多元化战略的有机融合。这一战略与企业生态化转型紧密相连，为产业集群的生态化发展——以自组织前台与生态化平台和中台为特征——提供了有力支撑。

在前文的探讨中,我们已对 T 型模式与生态型组织的三台架构进行了深入解读,并探讨了不同类型企业构建 T 型模式的思路。然而,T 型模式作为一种全新的战略布局视角,我们对其的理解与实践尚处于探索的初级阶段,还有众多疑问和难题仍待解决。**我们不能简单地认为所有企业在任何情境下都适用 T 型模式,也不能保证企业采纳该模式就一定能取得成功。**但不可否认的是,这一模式蕴含了巨大的潜力与可能性,值得我们去深入研究和尝试。

在构建 T 型模式时,我们建议企业根据自身实际情况量身定制。对于中国的一些"隐形冠军"企业来说,它们可能需要更多地考虑通过多元化应用场景来解决发展瓶颈。但值得注意的是,**那些业务繁杂但缺乏核心竞争力的企业,应避免同时开展过多项目,而应更加注重加强多元项目内在的共享深度。**只有当深度与广度达到有机平衡时,T 型模式才能发挥出其最大效用。

华为、字节跳动、小米等众多领军企业,不仅为我们积累了珍贵的实战经验,还在持续推动模式的创新与迭代。目前,仍有很多未知领域有待我们去开发,我们的研究也在同步深化,旨在通过深入剖析 T 型模式,帮助大家建立对这一新兴战略布局的初步认知。展望未来,我们将针对此主题展开更系统的研究,如探讨如何基于纵横布局的视角,对不同行业企业的战略定位进行全面评估与对比。

在 T 型模式的实践落地过程中，我们面临着四大具体挑战，这些挑战都与横向与纵向的关系紧密相连。

首先，关于 T 型模式的必要性，有人质疑是否需要将横向与纵向整合为一体，或者是否可以完全分离。传统思路往往只强调纵向或横向的某一方面，而忽视了两者的结合。"人无远虑，必有近忧"，如果缺乏纵向深度核心竞争力，企业难以保证长期稳定发展；同样，如果没有横向广度核心竞争力，企业也难以确保持续生存与发展。因此，纵向深度与横向广度两大维度相辅相成，缺一不可。

其次，关于 T 型模式的可行性，也有人表示质疑。他们认为，如何平衡融合纵向深度与横向广度的协同发展是一大难题。然而，从阴阳平衡的角度来看，这两者其实是一对相生相克的悖论要素。质疑者往往只看到两者的相克之处，却忽视了它们的相生之处。实际上，纵向深度不仅能为横向广度提供坚实的基础设施，如基础技术或基本商业模式，横向广度的拓展也能为纵向深度提供丰富的素材并赋能。例如，市场应用场景的横向扩展往往会对纵向技术或模式提出新的要求，推动其不断改进和提升，从而实现长期的积淀与发展。字节跳动、小米、华为等企业的成功实践，正是纵向深度与横向广度相生互补的有力证明。

再次，关于 T 型模式的启动顺序，也存在一定的困惑。我们的初步研究表明，**无论是纵向深度还是横向广度，哪个维度都可以率先启动，但另一个维度不能过于滞后，需要紧密跟进。** 如果纵向深度先行而横向广度滞后过多，企业可能会面临现金流枯竭的风险。反之，如果横向广度先行而纵向深度滞后过多，企业则可能后劲不足，难以长期生存。

最后，在当前数字化转型的浪潮中，我们认为 T 型模式与数字化转型具有潜在的关联。**数字化转型不仅可以为 T 型模式的纵横布局提供有力支持，还有助于实现纵横布局的交叉互补协同效应。具体来说，数字化转型为三台架构提供了必要条件，促进了三台之间的互动与互补，从而推动了企业整体的战略转型与发展。**

综上所述，T 型模式作为一种新兴的战略布局方式，虽然面临着诸多挑战和未知，但其巨大的潜力和可能性不容忽视。纵向深度代表技术扎根，为企业提供稳固的地基、肥沃的黑土地、茁壮成长的梧桐树以及保护企业安全的护城河；而横向广度代表应用场景的拓展，为企业带来高楼大厦的崛起、黑土地上的百花齐放、梧桐树上的金凤凰汇集以及护城河上的繁荣城市。我们将继续深入研究这一模式，以期为企业提供更有效的战略指导和实践方案。

本章内容对您有什么启发？可以记录在下面的横线处。

_____

_____

_____

_____

结 语

随着科技的飞速发展和全球化的深入推进，企业所面临的商业环境日益复杂多变。为了应对这一挑战，许多企业开始积极探索和实施 T 型模式，并结合数字化转型，以期在激烈的市场竞争中脱颖而出。

T 型模式以其独特的纵向深度和横向广度相结合的战略布局，为企业提供了全新的发展视角。纵向深度代表着企业在某一领域或技术上的专业性和深入挖掘，它是企业核心竞争力的源泉。通过持续的技术研发和创新，企业可以不断突破行业壁垒，引领市场潮流。以华为为例，其在通信技术领域的深度研发和创新，不仅使其成为全球通信行业的佼佼者，还推动了整个行业的发展。

而横向广度则代表着企业在不同领域或市场上的多元化拓展。这种拓展不仅可以帮助企业分散风险，还可以发现更多的市场机会和增长点。小米公司就是一个典型的例子，它以智能手机为起点，逐渐拓展到智能家居、物联网等多个领域，构建了一个庞大的生态链。

然而，仅有 T 型模式并不足以应对当今的数字化浪潮。数字化转型成为企业进一步提升竞争力的关键。数字化转型不仅可以提高企业的运营效率，降低成本，还可以通过数据分析和预测，帮助企业管理者做出更明智的决策。更重要的是，数字化转型可以打破传统的组织边界，促进企业内外部的协作和创新。

在数字化转型的过程中，三台架构的构建显得尤为重要。前台作为企业与客户的桥梁，需要快速响应市场需求，提供个性化的产品和服务。中台则负责整合企业内外部的资源，为前台提供强大的支持和保障。后台则通过数据分析和挖掘，为企业的战略决策提供科学依据。这三台之间的紧密配合，可以使企业在快速变化的市场中保持敏锐的洞察力和强大的执行力。

值得一提的是，数字化转型并非一蹴而就的过程，它需要企业投入大量的人力、物力和财力。因此，企业需要制定明确的数字化转型战略，并逐步推进。同时，企业还需要培养一支具备数字化思维和技能的人才队伍，以确保数字化转型的顺利进行。

总体来说，T 型模式和数字化转型是推动企业持续进化的两大重要力量。通过深入挖掘纵向深度和广泛拓展横向广度，企业可以构建独特的竞争优势。而通过数字化转型，企业可以进一步提升运营效率、降低成本、做出更明智的决策，并促进内外部的协作和创新。在未来的商业竞争中，只有那些能够巧妙运用 T 型模式和数字化转型的企业，才能在激烈的市场竞争中立于不败之地。

第 **3** 章
如何更好地赋能专精特新企业

本章精要

- 政策层面对专精特新企业的支持
- 亟待构建适合专精特新企业发展的产学研体系（产业赋能）
- 资本赋能专精特新：合肥模式

　　在前面的两章中，我们已经全面而深入地探讨了成就专精特新企业的核心逻辑，以及在当下，不同类型企业如何有效地构建和实施 T 型模式。

　　在第 1 章中，我们详细剖析了专精特新与"隐形冠军"企业之间的异同。我们着重探讨了什么样的模式更适合中国专精特新企业的成长，并深入阐述了为何 T 型模式能够成为这些企业成功的基石。

　　在第 2 章中，我们将焦点放在了 T 型模式与生态型组织的三台架构设计之间的紧密联系上。通过清晰划分前台、中台及后台，我们展示了 T 型模式的实际运作方式。此外，我们还通过一系列案例研究，深入剖析了不同类型企业如何成功构建 T 型模式。在结尾部分，我们还详细列举了实施 T 型模式过程中可能面临的四大挑战，并提供了相应的应对策略。

　　本章我们将从宏观和中观的双重视角出发，具体探讨如何更有效地赋能中国的专精特新企业。首先，我们将从政策的层面进行解读，分析当前的政策环境如何为这些企业提供支持。其次，我们将转向产业赋能的角度，探讨如何通过产业链的优化和升级来增强企业的竞争力。最后，我们将以合肥模式为例，从资本赋能的视角探讨如何通过资本运作和资源整合来助力专精特新企业快速成长。

3.1 政策层面对专精特新企业的支持

政策赋能：工信部专精特新"小巨人"评选标准与财政补助

在当前经济全球化与科技创新日新月异的背景下，专精特新企业作为国家经济发展的新动力，受到了政策层面的高度重视和大力扶持。在 2021 年 1 月，由中国财政部与工信部联合发布《关于支持"专精特新"中小企业高质量发展的通知》，强调以习近平新时代中国特色社会主义思想为指导，着眼于推进中小企业高质量发展和助推构建双循环新发展格局，重点支持 1 000 余家国家级专精特新"小巨人"企业高质量发展，促进这些企业发挥示范作用，并通过支持部分国家（或省级）中小企业公共服务示范平台强化服务水平，聚集资金、人才和技术等资源，带动 1 万家左右中小企业成长为国家级专精特新"小巨人"企业。2024 年 6 月财政部和工信部联合发布《关于进一步支持专精特新中小企业高质量发展的通知》，通过财政资金支撑重点领域的"小巨人"企业打造新动能、攻坚新技术、开发新产品、强化产业链配套能力。

根据支持专精特新中小企业发展的推进力度和紧迫性，大致可分为总体布局和加速推进两个阶段，其中 2011—2018 年是总体布局，2019 年至今是加速推进，具体政策支持内容如表 3-1 所示[⊖]。

表 3-1　政策支持内容

时　　间	政策支持内容	说　　明
2011 年 9 月	工信部发布《"十二五"中小企业成长规划》，明确提出中小企业转型升级的重要途径是朝"专精特新"方向发展，并提出形成"小而优、小而强"的企业	2011 年开始"专精特新"作为工信部指导中小企业发展的方向
2012 年 4 月	国务院发布《国务院关于进一步支持小型微型企业健康发展的意见》，鼓励小微企业走"专精特新"和与大企业协作配套的道路，加快从要素驱动向创新驱动的转变	"专精特新"企业如何与大企业协调发展的思路受到重视
2013 年 7 月	工信部发布《工业和信息化部关于促进中小企业"专精特新"发展的指导意见》，进一步明确"专精特新"的内涵，并将增强企业技术创新能力等作为重点任务	工信部对"专精特新"的发展做出进一步的指导，企业的技术创新能力受到重视
2016 年 8 月	工信部牵头制定《工业强基工程实施指南（2016—2020 年）》和《促进中小企业发展规划（2016—2020 年）》，提出推动中小企业朝"专精特新"发展，培育专精特新"小巨人"企业。工信部印发《制造业单项冠军企业培育提升专项行动实施方案》，提出引领带动更多企业走"专精特新"发展道路	专精特新"小巨人"和制造业单项冠军这两个概念被提及，预示着专精特新企业升级发展的方向是走向"小巨人"与单项冠军
2018 年 8 月	工信部等三部门联合印发《关于支持打造特色载体　推动中小企业创新创业升级的实施方案》，提出要促进中小企业特别是小微企业提升专业化能力和水平，引导其在细分行业领域成长壮大为专精特新"小巨人"	工信部开始提出指导专精特新企业发展成为专精特新"小巨人"的实施方案

⊖ 董志勇，李成明."专精特新"中小企业高质量发展态势与路径选择[J]. 改革，2021（10）：1-11.

（续）

时　　间	政策支持内容	说　　明
2018 年 11 月	工信部办公厅发布《工业和信息化部办公厅关于开展专精特新"小巨人"企业培育工作的通知》，计划利用三年时间培育 600 家左右专精特新"小巨人"企业	工信部给出具体规划和时间目标
2019 年 8 月	习近平总书记在中央财经委员会第五次会议上强调，要发挥企业家精神和工匠精神，培育一批"专精特新"中小企业	专精特新中小企业的培育，得到中央最高领导的重视
2020 年 7 月	工信部等 17 个部门联合发布《关于健全支持中小企业发展制度的若干意见》，完善支持中小企业"专精特新"发展机制，建全梯度培育体系、标准体系和评价机制	多部门联合发力共建专精特新发展机制
2021 年 1 月	财政部、工信部联合印发《关于支持"专精特新"中小企业高质量发展的通知》，通过中央财政资金引导，重点支持"小巨人"企业在多个方面推进工作	高质量发展成为各部门关注专精特新企业发展的新动态
2021 年 3 月	国家"十四五"规划将培育专精特新"小巨人"企业作为推动现代产业体系建设和提升产业链供应链现代化水平的重要抓手	国家"十四五"规划将专精特新与产业供应链相结合，提出现代化体系的新抓手
2021 年 4 月	发布《中国银保监会办公厅关于 2021 年进一步推动小微企业金融服务高质量发展的通知》，要求对掌握产业"专精特新"技术、特别是在"卡脖子"关键技术攻关中发挥作用的小微企业提供量身定做的金融服务方案	金融机构开始为专精特新企业发展提供定制方案，从资本和金融服务上助力其高质量发展
2022 年 3 月	专精特新被首次写入政府工作报告	专精特新首次被正式写入政府工作报告，从国家全盘宏观角度给出具体的政策支持和进度推动
2023 年 3 月	政府工作报告给出了专精特新的具体进展	

（续）

时　　间	政策支持内容	说　　明
2023 年 8 月	北交所"专精特新"专板正式开板	北交所的专板开通预示着专精特新企业新增一条融资通道
2024 年 3 月	政府工作报告指出，加快发展新质生产力，促进中小企业专精特新发展	连续三年专精特新被写入政府工作报告，2024 年重点发展新质生产力，专精特新在产业供应链优化升级中的作用凸显
2024 年 6 月	财政部和工信部联合发布《关于进一步支持专精特新中小企业高质量发展的通知》	2024—2026 年，聚焦重点产业链、工业"六基"及战略性新兴产业、未来产业领域，通过财政综合奖补方式，分三批次重点支持"小巨人"企业高质量发展。2024 年首批先支持 1 000 多家"小巨人"企业，以后年度根据实施情况进一步扩大支持范围

　　结合政策的有力支持，工信部为专精特新"小巨人"企业量身打造了评选标准，并为其配套了相应的财政补助政策。这一重要战略举措体现了国家层面对推动这类企业发展的坚定决心。专精特新"小巨人"企业的认定过程严格，必须满足**专业化、精细化、特色化、创新能力、产业链配套、主导产品所属领域（简称：专、精、特、新、链、品）六个维度指标的认定标准**

（见表 3-2），以确保企业的高质量与独特性。

表 3-2　国家级专精特新"小巨人"认定标准

评选指标	具 体 要 求
专业化	企业从事特定细分市场时间达到 3 年以上，主营业务收入总额占营业收入总额比重不低于 70%，近 2 年主营业务收入平均增长率不低于 5%
精细化	至少 1 项核心业务采用信息系统支撑。取得相关管理体系认证，或产品通过发达国家和地区产品认证（国际标准协会行业认证）。截至上年末，企业资产负债率不高于 70%
特色化	技术和产品有自身独特优势，主导产品在全国细分市场占有率达到 10% 以上，且享有较高知名度和影响力。拥有直接面向市场并具有竞争优势的自主品牌
创新能力	满足一般性条件或创新直通条件 （一）一般性条件。需同时满足以下三项： 1. 研发费用要求 1）上年度营业收入总额 1 亿元以上的企业，近 2 年研发费用总额占营业收入总额比重均不低于 3%。 2）上年度营业收入总额 5 000 万元～1 亿元的企业，近 2 年研发费用总额占营业收入总额比重均不低于 6%。 3）上年度营业收入总额 5 000 万元以下的企业，同时满足近 2 年新增股权融资总额（合格机构投资者的实缴额）8 000 万元以上，且研发费用总额 3 000 万元以上、研发人员占企业职工总数比重 50% 以上。 2. 自建或与高等院校、科研机构联合建立研发机构，设立技术研究院、企业技术中心、企业工程中心、院士专家工作站、博士后工作站等。 3. 拥有 2 项以上与主导产品相关的 I 类知识产权，且实际应用并已产生经济效益 （二）创新直通条件。满足以下一项即可： 1. 近 3 年获得国家级科技奖励，并在获奖单位中排名前三。 2. 近 3 年进入"创客中国"中小企业创新创业大赛全国 50 强企业组名单
产业链配套	位于产业链关键环节，围绕重点产业链实现关键基础技术和产品的产业化应用，发挥"补短板""锻长板""填空白"等重要作用

（续）

评选指标	具　体　要　求
主导产品所属领域	从事细分产品市场属于制造业核心基础零部件、元器件、关键软件、先进基础工艺、关键基础材料和产业技术基础；或符合制造强国战略十大重点产业领域；或属于网络强国建设的信息基础设施、关键核心技术、网络安全、数据安全领域等产品

值得注意的是，在专、精、特、新四个指标中，我们发现该认定标准对创新能力有着更为明确和具体的要求。通常，这要求企业必须有足够的研发投入和科研投入，并且必须拥有至少两项与主导产品紧密相关的 I 类知识产权，同时这些知识产权必须已经投入实际应用，并产生了经济效益。

除了专、精、特、新这四个核心指标，对"小巨人"的评选标准还新增了产业链配套指标、主导产品所属领域指标。这两项指标着眼于重点产业链，致力于推动关键基础技术和产品的产业化应用，从而在"补短板""锻长板""填空白"等方面发挥至关重要的作用。从事细分产品市场属于制造业核心基础零部件、元器件、关键软件、先进基础工艺、关键基础材料和产业技术基础的产品，或符合制造强国战略十大重点产业领域的产品，或属于网络强国建设中扮演重要角色的信息基础设施、关键核心技术、网络安全和数据安全领域的产品受到特别关注。

在财政支持方面，中央财政已做出明确规划，在 2021—2025 年，将累计投入超过 100 亿元的资金，分三批重点支持 1 000 余家国家级的专精特新"小巨人"企业。每家经过严格认定的企业，都将获得高达 600 万元的财政奖励，为企业的发展注入强劲动力。此外，政府还通过强化梯度培育机制、加大政策支持力度、提供精准服务以及持续优化发展环境等多重措施，全面推动专精特新中小企业的成长与创新。这些举措旨在构建一个公平竞争的市场环境，不断完善中小企业的创新生态，为国家的经济发展注入新的活力。

值得一提的是，除了国家级专精特新"小巨人"外，省级或地方级的专精特新"小巨人"和专精特新企业同样享有财政支持及一系列配套服务，形成了全方位、多层次的支持体系。

在 2023 全国专精特新中小企业发展大会上，工信部相关负责人透露了一个令人振奋的消息：截至目前，我国已成功培育专精特新中小企业 9.8 万家，其中专精特新"小巨人"企业更是达到了 1.2 万家。这一成就意味着，工信部在 2021 年 12 月发布的《"十四五"促进中小企业发展规划》中提出的到 2025 年培育 1 万家国家级专精特新"小巨人"企业的目标已提前完成，彰显了我国在专精特新中小企业培育方面的卓越成效。

然而，除了国家政策和经济上的宏观支持外，我们也不禁思考，在更为中观的产业和资本层面，又是如何赋能中国的专精特新企业的呢？这无疑是一个值得深入探讨的话题。

3.2 亟待构建适合专精特新企业发展的产学研体系（产业赋能）

在推动专精特新企业发展的征途上，除了政策扶持与财政资金投入外，构建一个与这类企业相契合的产学研体系已刻不容缓。一个运转高效的产学研体系能够实现科技研发与市场需求的深度融合，进而为产业升级和创新发展注入强劲动力。

然而，当前中国产业转型升级面临的一大挑战正是科技研发的不足，尽管高校与企业之间的合作已取得一定进展，但连接产业与学术两者的研究机构——即"研"的部分却显得捉襟见肘。这种缺失导致学术界的创新成果难以顺利转化为市场上的实用产品，从而限制了科技创新对经济发展的推动作用。

在产学研体系中，研究机构扮演着至关重要的角色。它们不仅是连接高校与企业的桥梁，更是推动科技成果转化的核心力量。因此，建立一批以应用为导向的研究机构，对于完善产学研体系、加速科技创新成果的市场化进程具有举足轻重的作用。

在这方面，德国的成功经验为我们提供了宝贵的启示，特别是德国弗劳恩霍夫协会（Fraunhofer-Gesellschaft），它是德国也是欧洲最大的应用科学研究机构，在多个制造业领域积累了丰富的研发经验，并成功地将这些技术成果应用于实际生产中。这种以市场需求为导向的研究模式，不仅提升了德国制造业的国际竞争力，还为"德国制造"的品牌形象增色不少。

鉴于此，我们强烈建议中国借鉴德国弗劳恩霍夫协会的成功经验，尽快建立类似的研究机构。通过补齐产学研体系中的"研"这一短板，我们可以更有效地推动科技创新成果的市场化应用，为专精特新企业提供强有力的技术支撑。这将有助于提升中国相关产业的整体竞争力，推动企业实现高质量发展。

同时，我们还需进一步优化产学研体系的运行机制。具体而言，**应加强高校、研究机构和企业之间的沟通与协作，建立更为紧密的合作关系；完善科研成果的评价和激励机制，充分激发科研人员的创新潜能；加强国际合作与交流，吸收借鉴国际先进经验和技术成果，提升我国产学研体系的整体实力。**通过这些措施的实施，我们可以构建一个更加适合专精特新企业发展的产学研体系，为产业的持续创新和升级奠定坚实基础。

他山之石，可以攻玉。下面，我们将以德国弗劳恩霍夫协会为例，深入剖析其成功经验和运作模式，以期为中国产学研体系的构建提供有益借鉴。

3.2.1 德国弗劳恩霍夫协会的成功经验

1. 协会背景

弗劳恩霍夫协会（Fraunhofer-Gesellschaft zur Förderung der angewandten Forschung e.V.，缩写为 FhG）以德国科学家、发明家和企业家约瑟夫·弗劳恩霍夫的名字命名，协会下有近 80 个研究所，总部位于慕尼黑。

弗劳恩霍夫协会是公助、公益、非营利的科研机构，为企业，特别是中小企业开发新技术、新产品、新工艺，协助企业解决自身创新发展中的各种技术问题。该协会目前有近 32 000 名员工（包含德国合作院校的教授与参与实习的学生与研究生），一年为 3 000 多家企业客户完成约 10 000 项科研开发项目，年经费逾 10 亿欧元。其中 2/3 来自企业和公助科研委托项目，另外 1/3 来自联邦州和各州政府，用于前瞻性的研发工作，确保其科研水平处于领先地位。经费中会有至少 40% 用于社会性、非商业化的科研工作。

1949 年 3 月 26 日，103 名德国科技工作者在慕尼黑加入公益协会"促进应用研究弗劳恩霍夫学会注册协会"，标志着这家由政府资助和协会管理的自发组织的专门面向工业应用研究的科学研究促进机构——弗劳恩霍夫协会（FhG）的正式诞生。1952 年，德国联邦经济部宣布 FhG 为德国校外三大研究组织之一［与德国科学基金会（DFG）和马克斯·普朗克研究所并列］。1965 年，FhG 被确定为一个应用研究支撑机构。1977 年，FhG 的部分行政所有权归属德国国防与研究部。2000 年，在 FhG 的使命声明中，将 FhG 定位为以市场和客户为导向，国家和国际化的积极的应用研究机构赞助组织。

2. 成功的核心要素

弗劳恩霍夫协会成功的核心要素可以归纳为如下八个方面。

（1）高度聚焦的应用导向型研究

弗劳恩霍夫协会自创立之初便明确了技术商业化应用的核心战略，并始终坚守这一方向，贯穿其发展历程。该协会专注于研发支撑产业发展的共性技术。在德国的创新体系中，它巧妙地填补了基础研究与产品开发之间的空白，努力成为连接科研与市场的桥梁。正因如此，政府和各大企业都乐于为

61

其提供坚定的支持。协会的工作团队、管理层、资助机构以及客户群体，都对协会的长远目标了如指掌。

作为德国甚至欧洲规模最大的应用导向型科学研究机构，弗劳恩霍夫协会不懈地将科研成果转化为实际生产力。在产业导向的研究与开发方面，它与德国其他三大科研机构——专注于纯基础研究的马克斯·普朗克科学促进协会，从事前瞻性基础研究的亥姆霍兹联合会，以及负责其他长期科研任务的莱布尼茨学会——各有分工，相互补充。这些机构之间的协同合作，共同构成了德国在研发领域的综合实力。

（2）持续发展的技术转移机制

弗劳恩霍夫协会的技术转移主要有以下五种方式：合同科研、衍生孵化公司、许可证、掌握技术的人才流动、创新集群。其中，由技术人才流动所带来的技术转移机制影响较为广泛，协会每年有 15%～25%的人员会携带技术进入企业开展工作交流。通过上述方式，该协会成功地将技术诀窍转移到企业手中，提交的不再是一份简单的研究报告、一张设计图纸，而是将充分培训、锻炼过的研究人员融入企业的创新团队中去。

此外，创新集群作为该协会技术转移的另一种独具特色的方式，巧妙地将代表价值链集群各个环节的不同公司融合在一起，共同开发出通用的标准和系统性的解决方案。与其他地方协会所提出的预算和时间线不同，这些集群之间更侧重于信息的交流与共享，形成了一种和谐的合作关系，而非竞争关系。该协会下的多个研究所通常采用协同工作的方式，为企业提供更为强大且全面的解决方案。各学科和领域间的相互依赖，要求这些研究所必须紧密合作。为了适应经济和社会飞速发展对技术的迫切需求，该协会更是将旗下的研究所组合成科研联合组，通过联合组内的深度合作，共同推进相关研究所、学科、课题的发展。

值得一提的是，该协会还常以其强大的影响力，引领创新聚集区的发展，它整合了区域内的关键企业、技术机构、高校等，针对某些核心技术进行研发和推广，这无疑是协同创新的一个生动实例。

（3）高效便捷的"合同科研"模式

弗劳恩霍夫协会的各个研究所主要采取"合同科研"的方式向企业及相关机构提供科研服务。企业就具体的技术改进、产品开发或者生产管理的需求委托研究所开展有针对性的研究开发，并支付研发费用，研发完成后成果转交给委托方。实践证明，"合同科研"模式是帮助知识转化成为生产力的捷径。通过"合同科研"的方式，客户享有该协会各研究所雄厚的研发科技积累和高水平的科研服务，通过各研究所之间的跨学科交叉合作，各企业可较快地得到为其"量身定做"的解决方案和科研成果。

（4）重视与中小企业的合作

弗劳恩霍夫协会和中小企业的合作表现在以下五个层面。

1）提供技术信息和咨询服务，特别是设立咨询处、信息中心和示范工程。

2）提供技术和趋势分析。

3）签订研发合同前的可行性报告。

4）落实相关政策标准。

5）开发和改进新技术、新工艺，直至市场成熟。

德国政府还专门制定政策，鼓励弗劳恩霍夫协会走向企业运营的创新行为。一是该协会的技术发明人，可以无偿使用发明创办企业，将科研成果商业化；二是该协会所用资金对创新型企业入股，一般占总股份的 25%，扶持 2～5 年，如果企业开发创新产品获得成果则转股退出；三是该协会给聘为研究员的技术发明人发一年的工资，到第二年，技术发明人不再具有研究员的身份，而是在企业领工资。中小企业的深度参与会使得科研创新更容易落地，资金和人才流动也更为充盈。

（5）多元化的研发经费来源及配置机制

2021 年弗劳恩霍夫协会的总研发经费高达 29 亿欧元，主要由"竞争性资金"和"非竞争性资金"两类构成。"竞争性资金"主要来自公共部门的招标课题（约占 30%～40%）以及与企业签订的研发合同收入（约占 30%～40%）等，一共约占总经费投入的 70%～75%。"非竞争性资金"主要包括德国联邦及各州政府以机构资金的形式赞助，用于支持前瞻性研究，约占总经费投入的 30%。为了提高"非竞争性资金"的使用效率，该协会在财务制度上进行了大胆的改革，并形成了广为认可的"弗劳恩霍夫财务模式"。按照这一模式，协会将政府下拨事业基金的一少部分无条件分配给各研究所，用于保证研究所进行前瞻性、基础性的研究，而其余大部分则与研究所上年的"合同科研"收入挂钩，按比例分配。

值得注意的是，经费当中来源于政府的无偿拨款只有在政府认可其贡献度的情况下，才根据上一年的营收情况按照一定的比例拨付，如图 3-1 所示。具体到每个研究所，弗劳恩霍夫协会总部会通过一定的机制向它们分配研究经费。

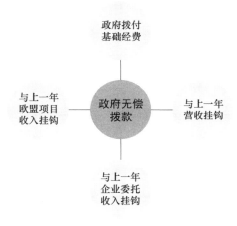

图 3-1　政府无偿拨款的划分

这些经费由四部分组成。

1）政府每年拨付的基础经费，每一个研究所都会分配到同样数目。

2）与上一年该所的营收情况挂钩，主要目的是奖勤罚懒，上一年做得越好，下一年的经费额就会越高。

3）与上一年企业委托收入部分挂钩。但这并非毫无限制，各研究所要保持一个合理的比例。维持在这一比例，该所的经费才会更高，一旦少于或超过这个比例，分配的资金会相应减少。

4）与上一年承担的欧盟项目收入挂钩。

65

通过这种分配机制，协会总部引导着各研究所健康稳妥地发展，确保公助、公益、非营利性质。这种经费分配模式在一定程度上保障了一种兼具实践精神和创新精神的平衡，既能让各个研究所尽可能为企业提供面向实践的科技创新，又避免应用导向型科学研究本身过于以市场和产品为导向，借此维持一定比例的科研独立性，以期保障对高风险的、研发周期更长的前沿技术的投入。

（6）健全的知识产权保护力度

弗劳恩霍夫协会认为"创意和创新、驱动力和创造力比以往任何时候都更加重要"，认为保护发展过程中所形成的知识产权、发明和专利就是保护协会未来的核心竞争力。在机械制造、信息与通信技术、新能源新材料等诸多制造业领域，该协会均积累了相当丰富的专利技术，并成功地应用和推广了这些专利技术，在"德国制造"的品牌塑造中发挥了不可磨灭的重要作用。不仅如此，为了保障德国"工业 4.0"战略的实施，保持德国制造业创新在全球的领先地位，该协会承担了"工业 4.0"体系中难度系数高、研发任务重的数据保护和网络安全工作。此外，该协会不遗余力地推动中小企业创新，致力于通过"合同科研"等形式，使中小企业客户能够充分享受其包括知识产权在内的各类科技创新资源，并能获得高水平科研队伍提供的服务。

（7）开放包容的发展理念

为保持弗劳恩霍夫协会在全球范围内的竞争力和影响力，该协会高度重视国际交流与合作。多年以前，该协会已经在全球主要经济体内设立了交流合作窗口。截至目前，该协会已经设立了欧洲联络办公室，在美国有六个研究中心，此外，该协会还在日本、中国、印尼、韩国、俄罗斯和阿联酋等多个国家分别设立了代表处。通过开展国际交流与合作，该协会帮助当地研究中心的科技和工程知识水平实现了有效提升，并发掘了新的创新潜力，为在德国的该协会本部和它的合作伙伴提供了新的机遇和市场。同时，协会通过全球化布局，为科研人员拓展科学技术知识、体验不同的管理风格、运营文化提供了更多的发展机遇。此外，该协会还重视学会及各研究所的战略计划制订与评价工作。

弗劳恩霍夫协会对研究所的评价每年进行一次，评价工作由研究所从外部聘请的学术委员会承担。来自学术界与产业界的专家各占一半，每个研究所的学术委员会的专家人数约 10 人，其中 50%的专家来自国外；专家由研究所聘请，并且一般为终生聘任。评价的程序包括阅读研究所状态报告与到研究所实地考察两个部分，实地考察的评价时间为 2～3 天。

该协会对研究所的评价主要考察研究所的科技竞争力以及完成战略计划的情况，特别关注的评价指标包括研究所获得的年度总经费中外争经费是否达到 70%；在外争经费中，从企业获得项目经费的数量，以及从欧盟获得经费的数量、专利数量、客户满意度、提供的技术与成果情况和人员状况等。杂志与图书等出版物一般不纳入考察指标。专家撰写的评价报告主要用于指导研究所的发展，同时提供给学会主席，但总部一般不将评价结果用于研究所的资源配置等方面，这与其经费来源主要为外争项目有关。该协会对研究所的评价每年进行一次。

（8）全面系统的人才培养机制

弗劳恩霍夫协会在研究人员的管理和使用上有着较为灵活高效的机制。该协会的科研人才队伍呈现出多元化和年轻化的特点。协会旗下的研究机构多设在大学内部，与高校的合作密切。研究机构领导中 50%以上为教授，他们既熟悉学术动态，又能理解并满足产业界的研究需求，工作人员大部分为科学家和工程师。根据协会的招聘信息，协会也向海外招收博士、博士后，并予以奖学金。因此，高校的技术实力和基础研究优势通过协会独特的人才创新模式转换到了该协会的研究机构中。

同时，该协会科研人才队伍还呈现出流动性和项目化的特点，实行流动岗和固定岗相结合的用人制度，为科研人才队伍保持高效竞争力、新人辈出、有序流动提供了制度基础。在该协会下属研究所的科研团队中，既有核心的资深科研人员，又有具有一定流动性的合同制研发人员（这部分人员占到约 60%的比例）。由于该协会下属研究所与企业合作，常常要求人员常驻企业内部开发项目。这种人才共享机制保障了创新人才的培养和转移，而"产学研"的本质就是创新科研人才的培养和转化。此外，担任该协会研究所所长以及主要负责人的通常都是合作高校中的全职教席（Lehrstuhl）教授，这一方面保障了研究所的人才供给，另一方面也为大学的基础科研提供了一个直接面向客户的实践平台。

该协会培养人才注重通过实践实习提升学生的综合素质，全方位提高学生的社会竞争力，竭尽全力营造一个最有利于学生思考、实践和创新的学术氛围。90%左右的理工科研究生都是在企业界实习时完成学位论文的，这使学生得以大量接触一线，从实践中挖掘课题展开研究。事实上，很多硕士、博士研究生的课题都会带动企业创新，有的还会申请到专利。因此，学生成为企业与大学开展协同创新的联系纽带，以此带动大学和企业间的沟通与交流，实现"产学研"相结合。

在职业教育领域，德国实行"双轨制"，即由教育机构和企业联合展开职业教育。学校负责传授理论知识，企业为学生安排一线实习和培训，时长为三年或三年半。政府对数百个职业制定毕业考核标准，以确保教学和人才质量的评判水平。利用学校和企业的各自条件和优势，强化理论与实践相结合，培养既具有专业理论知识又具有专业技术和技能的高素质技术人才。

这使得大规模的研究所、大学、企业之间交叉协作成为可能。2016 年由协会发起的面向工业大数据的项目：工业数据空间（Industrial Data Space），即是由协会旗下 12 个研究所共同承担研发任务，目的在于凝聚各方的研发力量，解决"工业 4.0"的数据共享的重大难题，是对"工业 4.0"的补充，比如弗劳恩霍夫应用集成信息安全研究所（AISEC）负责提供"工业 4.0"跨领域数据可信任共享和信息安全的研究；弗劳恩霍夫智能分析和信息系统研究所（IAIS）负责智能大数据分析的课题研究等。

科研创新的核心在于培养有竞争力的人才，弗劳恩霍夫协会在这方面也有其特殊的模式。为培养应用研究领域的后备军，该协会在 MINT（数学、信息技术、自然科学和技术的德文首字母缩写，类似于美国的 STEM）教育链层面设立了诸多核心项目，从最初幼儿园年龄的"创新儿童竞赛"开始，经历小学、中学直至大学阶段，大学生可以在加入、转速和联网三个模块中选择，逐步进入更高学期。此外，弗劳恩霍夫智能分析和信息系统研究所还通过 Roberta 计划培养人才，2016 年与谷歌展开合作，在全德国范围内启动 MINT 教育计划，将免费编程平台 Open Roberta 设置在德国学校和提供数字化能力的学习地点。

总之，弗劳恩霍夫协会为中国提供了"产学研"体系中"研"的典范。德国工业在国际市场上一直以来保持着较强的创新能力，这得益于德国推崇的机构创新原则，其中"弗劳恩霍夫模式"是一种特殊的、面向具体的应用和成果的创新模式，它的科研使命在于为市场提供具有相当产品成熟度的科研创新服务，使得科技成果能够迅速转化为市场成熟产品，因此它在德国有着"科技搬运工"之称。

3.2.2　中国需补足产学研体系中的"研"

从基础科研到市场产品的转化，被人们形象地视为研发流程需要跨越的"死亡之谷"。然而，这个"死亡之谷"对于德国而言似乎易于跨越。这主要依赖弗劳恩霍夫协会为跨越鸿沟提供了有效机制。

弗劳恩霍夫协会"研"的核心功能是将"学"与"产"的所有资源有机整合在一起，主要体现在以下两大方面：

一方面，在基础科技研发（"学"）与应用产品研发（"产"）之间搭建一座打通知识创新的桥梁，因此构建知识创新一体化的良性生态系统。

　　另一方面，在"学"与"产"之间建立一个有效的人才流动通道，成为人才培养一体化的良性生态系统。

　　"研"在以上两个资源共享方面的独特功能，正是推动产业创新，尤其是产业转型升级的根本性力量。

　　如果要指出弗劳恩霍夫协会最值得中国借鉴的地方，排在第一位的是它**准确地找到了自己和高校与企业的合理分工协作的生态定位**。这是因为从"学"的基础研究成果到实际最终的"产"的应用之间的"死亡之谷"需要填补，而该协会所提供的应用研究恰好起到了桥梁作用，显著缩短了基础研究与应用之间的距离。**该协会的独特定位就是做好"基础应用转化"**。

　　第二个特别值得借鉴的是弗劳恩霍夫协会**特别重视将新的科技创新注入老产品或旧工艺中，或者把陈旧落后产业与生机勃勃的新产业重新组合**，而不是一味强调新兴产业的独立发展，例如互联网技术。

　　因此，我们强烈建议，中国尽快建立类似于弗劳恩霍夫协会的"研"（产业技术研究院），补足"学"与"产"的鸿沟或"死亡之谷"。

　　鉴于中国"大而多元"的具体情况，我们认为，"研"（产业技术研究院）应以省级机构为主体。例如，上海市与江苏省走在中国其他各地之前。早在 2012 年 8 月，上海市成立了"上海产业技术研究院"，2021 年 6 月在上海揭牌了长三角国家技术创新中心；2013 年 12 月，江苏省也成立了"江苏省产业技术研究院"。目前，其他省市也在相继成立本地产业技术研究院（如 2019 年 7 月山东省成立了"山东产业技术研究院"）。然而，这些已经成立的产业技术研究院距离弗劳恩霍夫协会还有很长的路要走，具体表现在缺乏连接"学"与"产"的桥梁作用，例如"研"与"学"的密切合作远远不足。

为了弥补以上不足，最为挑战的课题是如何设计产业技术研究院的生态定位，让其在"产学研"体系中发挥最为有效的作用。我们可以大胆设想，以"双一流"高校为"学"的骨干力量；以专精特新"小巨人"企业与单项冠军企业等中小企业为"产"的骨干力量；由富有实力的工科高校整体从基础科技研发导向转型到"基础应用研发"导向，共同组建类似于德国弗劳恩霍夫协会的"研"（产业技术研究院），并且"研"以省级机构为基础。

以浙江省为例，可以考虑将浙江大学定位为"学"的骨干；将浙江专精特新"小巨人"企业与单项冠军企业定位为"产"的骨干，让省属大学与其他多元机构通力合作，共同成立一个省级"研"（产业技术研究院）。这个过程可比喻为"铁人三项比赛"："学"的科学原理发现与原理验证是第一项游泳运动，"研"的技术工艺与原型设计为第二项公路自行车运动，"产"的产业化和商品化是第三项长跑运动。需要指出的是，"产学研"的区分只是相对而言，其相互交叉重叠对"产学研"体系三方互动与整合既不可避免，又十分必要。

3.3　资本赋能专精特新：合肥模式

在 3.1 节和 3.2 节中，我们从宏观政策和经济角度出发，全面、系统地阐述了如何为专精特新企业创造有利的发展环境。这些宏观层面的探讨为我们理解专精特新企业的成长提供了重要的背景和基础。

然而，专精特新企业的成长不仅仅依赖于宏观政策和经济环境的支持，更需要具体、有效的赋能机制。在本节，我们将聚焦资本市场这一关键领域，以安徽的合肥模式为案例，深入探讨资本市场如何有效地为专精特新企业提供强有力的支持。合肥模式作为中国区域经济发展的典范之一，其在资本市场赋能专精特新企业方面的实践经验和成功案例，无疑具有重要的借鉴意义。

通过本节的分析和解读，我们期望能够揭示资本市场在专精特新企业成长过程中的关键作用，以及如何通过优化资本市场结构和功能，进一步增强对专精特新企业的赋能效果。这将不仅有助于深化我们对专精特新企业成长机制的理解，也将为相关政策制定和市场实践提供有益的参考和启示。

在接下来的内容中，我们将详细介绍合肥模式的具体做法和成功经验，分析资本市场在其中的作用机制，并通过具体案例来展示资本市场如何有效地赋能专精特新企业。我们期待通过本节的探讨，能够为大家提供一个全面、深入理解资本市场与专精特新企业成长之间关系的视角。

3.3.1 合肥模式的底层逻辑

2022 年 6 月 17 日，由安徽省投资集团联合安徽叉车集团共同组建的安徽省新兴产业发展基金有限公司正式成立，其中新兴产业发展基金的注册规模为 100 亿元，主要投向安徽省十大新兴产业，目的是**运用资本力量引导社会资本向安徽聚集，为新兴产业发展提供来自各个方面的资本支持，**以更好地服务"双招双引"和"三地一区"建设。

像安徽省投资集团这样具备国资背景的投资机构在安徽并不鲜见：2022 年 6 月刚完成注册的安徽省碳中和基金有限公司的背后就有安徽省国资委的身影；2022 年 1 月成立的安徽黟县战略性产业招商引导基金由黟县国有投资集团有限公司参与注资；合肥市肥西县于 2022 年 2 月官宣设立总额 100 亿元的政府投资母基金，支持当地战略性新兴产业发展、科技创新领域建设等。诸如此类，各类资本在安徽不断落地应用，助力当地产业转型升级。

在我们看来，安徽特别是合肥模式取得成效的关键在于此模式有效兼顾社会发展与金融回报双重目的，这就是该模式的底层逻辑。

在实现社会发展目的方面，合肥模式通过产业转型升级提升地方发展实力，包括产业与科技实力等领域，以此更好地满足当地人民生活的需求。例如，在新能源汽车产业，目前安徽聚集比亚迪、大众、蔚来、吉利等厂商，预计到 2025 年合计产量将达到 150 万辆，几乎是目前的 6 倍。在攻克"卡脖子"的技术上，安徽在量子产业的专利申请量全国第一，集聚了全国 1/3 的量子企业。在围绕产业链加强关键核心技术攻关方面，2023 年有 8 项制造业"揭榜挂帅"攻关项目打破国外垄断。

此外，安徽从 2018 年全年生产总值突破 3 万亿元至 2021 年全年生产总值突破 4 万亿元，仅用了 3 年时间。安徽省主要领导此前曾介绍，在 2012 年到 2021 年的 10 年间，安徽省规上工业增加值年均增长 9.9%，位居全国第三位。其中，高新技术制造业增加值年均增长 14.7%，增加值占比由 2012 年的 34.8%提高到 2021 年的 45.7%；战略性新兴产业产值年均增长 19.8%，产值占比由 2012 年的 18.1%提高到 2021 年的 41%。

在实现金融回报目的方面，合肥模式同样成功，不仅有效增值国有资产，还让非国有资金获取低风险的高回报。例如，2007 年合肥拿出当时财政收入的 1/3"砸"面板产业，投资京东方并后来在二级市场减持；2011 年，又拿出 100 多亿元投资长鑫和兆易创新，上市浮盈超过 1 000 亿元；接着投资安世半导体、闻泰科技，收益及浮盈近 1 000 亿元；2019 年，再拿 100 亿元投资蔚来汽车，已获得千亿元的账面回报。这种投资效率，即便在成熟的私募投资市场上，也是鲜有所见。

我们认为，合肥模式值得借鉴的关键之处在于该模式有效兼顾社会发展与金融回报两大方面。换言之，国有资本与非国有的社会资金的搭配获得双重价值，既发展了地方经济，又取得高投资回报。下面，我们重点探讨合肥模式的运营机制以及成功要素。

3.3.2 合肥模式的运营机制

如今，安徽可以说在合肥模式方面越走越远，越走越好，已经引起国内投资界热议。具体而言，合肥模式的运营机制（包括资金来源、投资方向、退出模式等方面）体现为政府依托国资平台，联合头部机构共同设立产业基金群，通过直接投资、组建和参与各类投资基金，吸引社会资本进入。换言之，**合肥模式就是以国有资金为种子基金，或称"母基金"，以此为杠杆，撬动社会资本，引导多元化社会资本赋能产业转型升级。这就是合肥"引导性股权投资+社会化投资+天使投资+投资基金+基金管理"模式，以此构建多元化融资投资体系，形成产业转型升级的金融赋能平台。**

在融合搭配国有资金与社会资金的基础之上，合肥模式的投资方向聚焦战略性新兴产业布局，包括信息技术产业基金、新能源汽车产业、数字创意产业等十大新兴产业项目集群。前面提到的安徽省新兴产业发展基金与合肥市肥西县政府投资母基金均坚持专业立身，聚焦上述新兴产业方向，专心研究、专注投资，打造专业团队，建立专业化运营机制，建设一流的专业化母基金品牌，努力实现国有资产的保值增值，同时兼顾投资的低风险和高回报。

资金如何退出获得投资回报，或许也是在做投资决策时比较关键的问题。合肥模式坚持全产业链招商，通过扩展产业链配套服务来形成产业集聚和上下游联动。在项目成熟后，合肥模式不谋求控股权，在产业向好发展后及时退出，再投入到下一个项目的基本路径，设计了完善的国资退出机制。例如京东方项目在完成 8.5 代线项目建设后，合肥国资通过二级市场减持完成投资退出，为新的投资积累资金，实现良性循环。

总之，合肥模式的独特运营机制可以概括为以下三点：以国有资金为杠杆吸纳社会资金（资金来源），聚焦新兴产业布局（投资方向），形成适时进退的良性循环体系（退出机制）。

3.3.3　合肥模式的成功要素

我们认为，合肥模式成功的要素首先在于该模式的底层逻辑，即有效兼顾社会发展与金融回报双重目的。其次，合肥模式成功的要素在于该模式的运营机制，即以国有资金为杠杆吸纳社会资金，聚焦新兴产业布局，形成适时进退的良性循环体系。

需要指出的是，**"合肥模式"的成功同时源于安徽地方政府对市场导向产业发展态势的精准把握**。合肥是国内科教优势较为突出的地区，高校和科研院所集中，具备将科教优势转化成经济优势的基础条件。加之靠近长三角的区位优势，在产业承接上较内地省区市更加便利，能形成相对完整的产业体系。合肥坚持不懈地把承接产业转移和创新驱动发展摆上核心战略位置，通过承接长三角产业转移做大经济体量，形成较为完整的产业体系；通过自主创新坐实经济质量，实现追赶引领跨越，通过承接和创新实现经济增长的双轮驱动。这也反映了合肥在利用产学研创新体系方面取得初步成效，包括采用"创投风投+孵化"模式培育新兴产业。

随着新兴产业不断壮大，合肥市确立了新的产业发展方向，"十四五"期间，合肥致力于构建城市八大产业链条：即"芯屏器合"⊖"集终生智"⊖，以此形成合肥城市的产业地标。从京东方到兆易创新，再到蔚来汽车，合肥市政府撬动了显示屏产业、半导体产业和新能源汽车产业等，带动当地就业，也加速推进着产业的升级。

总之，我们归纳合肥模式三大成功要素，包括该模式的底层逻辑、运营机制、地方政府对市场导向的产业发展势态的精准把握。这三大要素可以被视为政府与市场互动的具体体现，形成相生相克的阴阳平衡关系，既相互赋能，又相互制约。

3.3.4　合肥模式与专精特新

合肥模式的成功固然有自身的独特因素，但以资本赋能产业转型升级的思路值得借鉴，尤其是对于备受国家重视的专精特新企业而言。专精特新企业是我国重点培育的对象，截至 2024 年 2 月，国内累计培育专精特新中小

⊖ "芯"指芯片产业，"屏"指平板显示产业，"器"指装备制造及工业机器人产业，"合"指人工智能和制造业融合。

⊖ "集"指集成电路，"终"指智能家居、汽车等消费终端产品，"生"即生物医药，"智"指与工信部共建的"中国声谷"以及智能语音及人工智能产业。

企业数量达 10.3 万家，其中国家级专精特新"小巨人"企业有 1.2 万家，超六成集中在制造业基础领域，超七成深耕细分行业 10 年以上。从行业内看，专精特新"小巨人"企业多处于市场与技术的双重领先地位（其中22% 的企业主导产品在国内市场的占有率超过 50%），但与**大企业相比，其规模较小，抗风险能力较弱，韧性不足。因此，专精特新企业更需要资本的赋能，才能在未来的市场竞争中保持足够的韧性和竞争力。**

对于资本而言，投资专精特新企业也是大势所趋。本书前文曾讲过，美国硅谷风险投资专家亚历山大·拉扎罗指出，过去风光无限的独角兽型企业，整体绩效与投资回报远低于预期。整体看，独角兽型企业的光环已经消退，走了样的"硅谷模式"逐渐演变成资本围猎的游戏，而骆驼型企业与老虎型企业避开了独角兽型企业的资本游戏陷阱。

骆驼型企业着眼于长远的战略思维，奉行长期主义，相信时间的力量，属于稳扎稳打型，这样的企业持续性和适应能力突出，但对投资者而言，投资时间跨度往往太大，不利于资本退出及流动。老虎型企业则兼具独角兽型企业的高举高打与骆驼型企业稳扎稳打的综合特性，在技术或商业模式上领先于行业，能得到资本市场的适当认可，其相对较高的投入与估值能整合较多资源，同时又具备清醒的战略敏捷性，不在较高成长过程中丧失应变能力。

值得玩味的是，专精特新企业凸显老虎型企业的核心特征。相比投机的独角兽型企业和耗时的骆驼型企业，专精特新企业更符合耐心资本的投资需求。耐心资本具有两大特征：一是注重投资方向的相对"长期"稳定，同时强调适时调整投资路径，兼顾长期主义方向与适应变化路径，与老虎型企业的特征高度吻合，因此符合专精特新企业；二是注重投资对象的整体性，尤其是产业集群与生态系统。

中国产业园区的痛点主要在于未能形成完整的产业链，功能分区不明确导致资源分配不合理，综合配套服务僵化缺乏灵活性，同时缺乏能够凸显自身优势和特点的市场特色，这些问题共同削弱了园区的市场吸引力，不仅影响了招商引资能力，还可能导致已入驻企业的发展受阻，从而陷入恶性循环。

所以，**中国产业园区与产业集群都需要重大转型。第一，中国产业园区应该转型成为围绕一个主导产业高度聚焦的园区。第二，中国产业集群未来的发展方向应该是成为高度异质化的产业集群。**

这与以专精特新企业（以及更加广义的"精一赢家"，包括单项冠军企业在内）为主体改造升级各种产业园区与科技园区的战略思路不谋而合。首先，依据产业集群逻辑（即以产业纵向供应链，或以产业横向类似产品为基础在某一地理区域聚焦），将包含多元产业的各式园区改造成为单一产业的集群。其次，在单一产业集群基础之上，加入赋能性服务机构，包括科技研究机构、法律服务机构、金融服务机构等，将单一产业集群变成产业生态系统，包括业务高度相互依赖的企业成员、共享赋能服务平台的生态功能的机构。

需要指出的是，以上两大改造升级过程必须以专精特新企业为主体。首先，专精特新企业可将目前高度同质化的产业园区或产业集群改造升级成为高度异质化的产业集群，将"红海竞争"变成"蓝海竞争"。其次，专精特新企业加速产业集群生态化，尤其是它们与产学研体系的内在联系，以及它们采用 T 型模式所带来的"五基"供应链效果。

国内资本市场的不断完善也为专精特新企业的再融资和资本流动创造了更好的条件，随着 A 股市场注册制的推进，尤其是专为专精特新企业量身打造的"北交所"的作用加大，未来专精特新企业的上市步伐将加快，通过 IPO（首次公开募股）融资不再是难题，而资本退出周期也将随之缩短，这样就可以避免因退出时间跨度过大带来的潜在风险。

本章内容对您有什么启发？可以记录在下面的横线处。

_____

_____

_____

_____

_____

_____

结 语

在前面的章节中，我们深入探讨了专精特新企业的核心发展逻辑，以及 T 型模式在中国各类企业中的有效应用。通过对专精特新企业与"隐形冠军"企业的对比分析，我们揭示了适合中国专精特新企业成长的模式，并进一步阐释了 T 型模式为何能成为这些企业成功的重要基石。在此基础上，我们还详细探讨了 T 型模式与生态型组织结构的紧密联系，并通过案例研究展示了不同类型企业如何成功构建这一模式。

本章中，我们进一步从宏观和中观的角度，探讨了如何更有效地推动中国专精特新企业的发展。我们首先从政策层面出发，分析了当前政策环境对这些企业的支持情况。政策作为推动企业发展的重要因素，为专精特新企业提供了广阔的空间和机遇。无论是财政补贴、税收优惠，还是科技创新支持，都为企业创造了良好的成长土壤。

随后，我们从产业赋能的角度，探讨了如何通过产业链的优化和升级来增强专精特新企业的竞争力。产业链的优化不仅有助于提升企业自身的实力，还能推动整个产业的协同发展。通过加强产业链上下游的合作与整合，可以实现资源共享、优势互补，从而提高整个产业的竞争力和市场地位。

在探讨资本赋能方面，我们以合肥模式为例，详细分析了如何通过资本运作和资源整合来助力专精特新企业快速成长。这一模式通过国有资本撬动社会资本，为专精特新企业提供了强大的资金支持和发展动力。特别是在经济发达的长三角、珠三角等地区，投资机构众多，地方国有资本实力雄厚，这种模式具有极高的借鉴意义和推广价值。

我们强烈建议将合肥模式应用于专精特新企业，尤其是在战略产业集群领域。通过地方国资与产业链下游龙头企业的深度合作，成立种子基金或母基金，广泛吸纳社会资金，为产业链上游的专精特新企业提供充足的资金支持。这不仅能够完善地方产业链条，还能推动产业集群的高度异质化和生态化发展。

具体而言，由专精特新集中的大湾区、长三角和山东等区域的地方国资作为普通合伙人（GP）牵头，与位居产业链下游的龙头企业，包括央企与其他上市企业，作为共同 GP 或有限合伙人（LP）深入合作，率先成立种子基金或母基金，在此基础上广泛吸收社会资金，给位居产业链上游（尤其是"卡脖子"的"五基"领域）的专精特新企业提供资金赋能，完善地方产业的补链与强链。这表明地方产业链的完善需要以专精特新企业为主力，构建高度异质化的产业集群与产业集群生态化。通过对专精特新这类老虎型企业的投资实现快速与稳健平衡的投资回报，并通过完善的退出机制形成良性循环，充分发挥政府与市场的阴阳平衡关系，以此实现兼顾社会发展与金融回报的双重目的。

值得一提的是，合肥模式的成功实践并非偶然，它充分体现了政府与市场的有效结合。政府通过引导和撬动社会资本，为企业提供了强大的支持；而市场则通过其内在机制，实现了资源的优化配置和高效利用。这种政府与市场的有机结合，不仅有助于实现专精特新企业的快速发展，还能推动整个经济社会的持续繁荣和进步。

综上所述，本章所探讨的赋能路径为中国专精特新企业的发展注入了新的活力。我们坚信，在政策、产业和资本的共同助力下，这些企业将迎来更加广阔的发展空间和更加美好的未来。同时，我们也期待更多的地方政府和企业能够积极探索和实践适合自身发展的赋能路径，共同推动中国经济的持续繁荣和进步。

在未来的发展中，专精特新企业将继续发挥其独特的技术优势和创新精神，引领中国产业升级和经济发展。而我们也将持续关注这些企业的成长和发展，为其提供更多的智慧和支持。

第**4**章

专精特新企业的数字化能力建设

本章精要

- "专精特新+数字化"高质量发展模式
- T型模式与企业数字化能力
- 专精特新企业发展新质生产力：供应链优化角度
- 数字化赋能专精特新企业的具体举措

在经济发展的浪潮中，中小企业始终扮演着举足轻重的角色，而专精特新企业更是其中的佼佼者。在第3章中，我们从宏观和中观的层面对其进行了深入探讨，以期为它们提供更加精准、有效的服务。

在宏观政策层面，国家对专精特新企业给予了极大的关注和支持。国家通过财政补贴、税收优惠等措施，为这些企业提供了实实在在的资金支持，降低了经营成本，使其能够更加专注于技术研发和产品创新。同时，政府还通过制定相关的产业规划和发展战略，为专精特新企业的成长指明了方向，为它们的长远发展提供了有力的政策保障。

在中观层面，特别是在产业链配套上，我们也看到了政府对专精特新企业的有力支持。以合肥模式为例，该模式通过政府与市场的有效结合，利用地方国资与产业链下游龙头企业的深度合作，共同成立种子基金或母基金，广泛吸纳社会资金。这种合作模式不仅为产业链上游的专精特新企业提供了充足的资金支持，还帮助它们与下游企业建立了紧密的合作关系，从而实现了产业链的完整闭环。这种模式的成功实践，不仅有助于完善地方产业链条，更能推动产业集群的高度异质化和生态化发展，为专精特新企业创造了更加良好的成长环境。

然而，专精特新企业仅仅依靠宏观和中观层面的支持远远不够。随着科技的飞速发展，数字化已经成为推动企业高质量发展的关键力量。因此，在本章中，我们将进一步从微观层面探索如何用数字化的手段助力中国的专精特新企业快速成长。我们将深入探讨"专精特新+数字化"的高质量发展模式，分析数字化技术如何与企业的核心业务相结合，提升企业的运营效率和创新能力。同时，我们还将关注 T 型模式与企业数字化能力的关系，探讨如何在深耕专业领域的同时，拓展企业的业务领域和市场份额。

此外，新质生产力下的专精特新企业产业链、供应链优化也是我们关注的重点。我们将分析数字化技术如何助力企业优化产业链和供应链，提高企业的响应速度和灵活性。最后，我们还将给出一系列数字化赋能专精特新企业的具体举措，以期为企业提供更加实用的指导和建议。

总之，本章旨在从微观层面，为专精特新企业提供全方位的支持和服务。我们相信，通过第 3 章和本章介绍的措施的实施，专精特新企业将迎来更加广阔的发展空间，为中国经济的高质量发展贡献更大的力量。

4.1　"专精特新+数字化" 高质量发展模式

专精特新企业作为国家重点支持和孵化的对象，也是突破"卡脖子"难题的核心所在。数字化作为一股强大的推动力，为这些企业在创新能力提升、成本降低、销量增加和质量提高等方面提供了巨大的机遇。它已成为专精特新企业穿越经济周期、实现创新发展、增强企业韧性的必由之路。

这里需要指出的是，有些企业目前还分不清是在做信息化还是数字化。信息化和数字化是两个紧密相连但又有所区别的概念。信息化是将业务流程数据化，以提高效率；而数字化则进一步利用这些数据来优化和创新业务，为业务赋能。简言之，信息化是将企业生产、采购、销售等流程数据化，并利用计算机和数据库技术进行全面管理，以提升管理效率和决策准确性；典型工具有报表、OA（办公自动化）、ERP（企业资源计划）、CRM（客户关系管理）等系统。数字化是信息化的进阶，着眼于业务价值的创造与增长。

本文所指的数字化是一个数据驱动的核心过程，它借助大数据、云计算等尖端数字化技术，引领企业的业务创新。在这个过程中，"数据驱动业务"成为主导理念，利用技术不断推动业务的优化与革新。为实现这一目标，企业常采用低代码平台、商业智能（BI）、数据仓库和数据平台等先进工具。

从企业经营层面理解，高质量发展包括一流竞争力、质量的可靠性与持续创新、品牌的影响力，以及先进的质量管理理念与方法等。⊖

中国社会科学院大学李勇坚教授曾提出数字化助力专精特新企业高质量发展的三个方面⊖：数字化助力专精特新企业发展的三个方面可以总结如下：①提升创新能力；②推动降本增效；③推动实现更多价值创造。

数字化为专精特新企业带来与平台、服务商的合作契机，通过融合互补技术和资源，找到贴合自身场景的发展路径。这使企业能精准定位市场，优化消费者运营和研发创新。数字化还增强了企业与多方的互动，提升运营和

⊖ 史丹，赵剑波，邓洲. 从三个层面理解高质量发展的内涵[N/OL]. 经济日报，2019-09-09（14）[2024-06-03].http://paper.ce.cn/jjrb/page/1/2019-09/09/14/2019090914_pdf.pdf

⊖ 李勇坚. 数字化助力专精特新企业高质量发展[J]. 中国网信，2023（6）：25-29.

市场开拓效率，同时打破资源局限，实现更广泛的协同合作。智慧化供应链不仅增强稳定性和安全性，还推动智能化、精益化管理，助力企业应对外部挑战。此外，数字化将生产经营过程数据化，优化生产链条，提升效率，并促使企业从制造向服务领域拓展，数据解析和软件整合成为竞争和利润的关键，如图 4-1 所示。

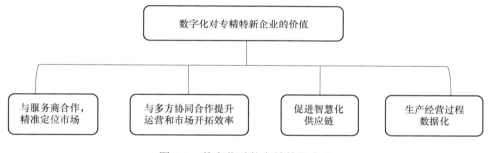

图 4-1　数字化赋能专精特新企业

数字化在推动专精特新企业成长方面展现出毋庸置疑的价值与优势。然而，对于许多中小企业来说，数字化转型之路却充满迷茫与困惑，它们往往不知从何下手。张育广等⊖学者也曾揭示，这些专精特新中小企业在数字化进程中面临众多难题，如基础数字化能力薄弱、数字化人才短缺、资金压力大，以及对数字化转型的重要性和必要性认知不足等。随着互联网、大数据、人工智能技术与实体经济的日益融合，数字化已成为推动企业高质量发展的核心要素。与大企业相比，中小企业在数字化转型方面的进展相对缓慢，因此，借助数字化手段促进中小企业转型升级的需求显得尤为迫切⊖。因此，我

⊖ 张育广，严嘉颖. 数字化转型赋能专精特新中小企业高质量发展 [EB/OL]. 2023-03-31[2024-04-06]. http://www.china.com.cn/opinion/think/2023-03/31/content_85203822.htm.

⊖ 董志勇，李成明. "专精特新"中小企业高质量发展态势与路径选择[J]. 改革，2021（10），1-11.

们必须精准对焦这些中小企业的实际难题，采取有效的策略和措施，为其解困赋能，从而强化其数字化转型的内在动力，推动企业迈向高质量发展的轨道。

谈及企业数字化的发展进程，我们不难发现，随着时代的变迁，企业所关注的焦点经历了一场深刻的变革。

在 20 世纪 80 年代，ERP（企业资源计划）作为新兴的集成化管理信息系统开始崭露头角。这一系统由 MRP（物料资源计划）演变而来。ERP 不仅在功能上全面拓展了 MRP，更将供应链管理作为其核心理念。ERP 的崛起打破了传统企业的运营边界，它站在整个供应链的高度，实现了企业资源的优化配置，因而引领了网络经济时代的信息系统发展新趋势。到了 20 世纪 90 年代，以爱思普（SAP）和甲骨文（Oracle）为代表的国际顶尖 ERP 产品进入中国，并迅速得到推广。ERP 的引入显著推动了企业业务流程的改进，并提升了企业的核心竞争力。作为一种基于信息技术的管理平台，ERP 通过集成管理和系统化思维，为企业决策者及员工提供了强大且高效的决策支持和运营管理工具，实现了企业内部资源的最大化利用。

然而，科技的迅猛进步和数字化的不断冲击使得市场环境变得日益复杂和多变。在这样的时代背景下，单纯依赖 ERP 系统已难以满足企业在激烈竞争中持续发展的需求。因此，企业需要从信息化向数字化进阶，进一步利用数据优化和创新业务，为业务注入新的活力。我们将这种能力，即以业务为中心，利用数字化技术全面赋能企业业务流程，推动企业实现业务模式的创新和转型升级的能力，定义为企业数字化能力。企业数字化转型已不再是简单地将业务流程数据化以提高效率，而是运用技术不断推动业务的优化与革新。这一转变不仅体现了企业对数字化转型的深刻理解，也预示着企业数字化发展的新趋势。

早在 20 世纪 90 年代，美国经济学家大卫·蒂斯等人就明确指出，动态能力是企业实现可持续竞争优势的关键。在快速变化的市场环境中，动态能力能够帮助企业迅速适应市场变化并抓住新机遇，而不仅仅局限于常规能力的正确执行任务。

随着数字经济时代的到来，新兴数字化场景层出不穷，为市场带来了新的挑战和不确定性。数据已成为新的生产要素，数字化技术正在深刻改变各行各业的竞争格局。在此背景下，为了在数字经济中保持竞争优势，企业需要构建强大的动态能力，以便迅速适应并转变商业模式。

当我们深入探讨企业的数字化能力时，T 型模式提供了一个有价值的视角。这一模式强调企业在技术层面保持稳定，以确保核心业务的稳健运行，同时在市场应用层面展现出足够的敏捷性，以快速响应市场变化和需求。这种稳定性与敏捷性的平衡是企业在数字化进程中的重要目标。

接下来，我们将进一步探究 T 型模式与企业数字化能力之间的内在联系。我们将详细讨论如何在保持技术稳定性的基础上，利用数字化技术提升企业的市场敏捷性，力求帮助企业在激烈的市场竞争中脱颖而出，实现可持续发展。

4.2 T型模式与企业数字化能力

在数字化浪潮汹涌的当下，企业如何锻造并加强自身的数字化实力，已成为决定其市场地位的关键，T 型模式为企业迎接市场挑战提供了新的视角与解决方案。

T 型模式的精髓在于寻求一种微妙的平衡：一方面，它利用数字化工具丰富了市场应用的多样性，从而在广度上加强了企业的核心竞争优势；另一方面，通过数字化技术的运用，推动了企业内部研发的稳定性，从深度上巩固了企业的技术能力。这种双管齐下的策略，不仅能够帮助企业在其专业领域内积累雄厚的技术基础，还能使其更加游刃有余地满足市场的多变需求。

从实践的角度看，华为云总结出一套企业在数字化时代所需的六大关键能力（见表 4-1），即智能化研发、数智融合、组装式交付、分布式架构、韧性高可用与安全可信，它们共同为企业数字化转型奠定了基石。

表 4-1 华为云的六大关键能力详解

能　力	详　解	作　用
智能化研发	是指在软件开发过程中应用人工智能技术，以提高研发效率、质量和创新能力。包括 AI（人工智能）代码生成与代码解释、AI 辅助测试用例生成、AI 辅助代码检视、AI 辅助测试脚本写作、研发作业 AI 知识和上下文获取辅助等	通过 AI 辅助助力企业具备按需交付的能力，TTM（Time to Market，产品上市周期）缩短到天级

（续）

能　　力	详　　解	作　　用
数智融合	通过整合数据治理、预训练大模型和 AI 开发生产线，实现数据和人工智能的高效协同融合，推动企业从数字化向数智化跨越	进一步提升管理决策水平，提升企业的治理能力，实现企业业务价值链和管理价值链的系统决策与运筹能力
组装式交付	第一步需要将 IT 能力原子化；第二步根据业务的相关性将原子能力组件化，这一阶段需要建立企业内的可组合能力的标准，依托企业融合集成平台，将企业内众多的能力组件管理和服务化；第三步通过低码、零码平台实现应用组装编排。在未来还会出现融合了低码、零码、人工智能（AI）、机器人流程自动化（RPA）、融合集成、事件驱动的超级自动化的组装式交付，这也是实现 AI 自动生成应用的一个关键技术	通过融合应用集成、低码等技术，应用可快速复用基础组件并编排组装，通过简单"拖拉拽"可快速交付新的应用
分布式架构	现代企业实现数字化转型的关键。微服务、服务器无感知（Serverless）计算和单元化是分布式架构中的典型代表技术，共同推动企业从传统的单体应用向分布式架构演进。分布式架构的技术具有可复用性、松耦合、业务对齐和可伸缩性等特点，从而提高了开发效率和质量，降低了系统的依赖性和维护成本，增强了业务的响应速度和创新能力，充分利用了云计算的优势	通过微服务、服务器无感知、服务化网格等技术，帮助企业实现从单体应用到分布式架构的升级，让企业开发者更关注业务本身，无须关注基础设施
韧性高可用	关键组成部分说明如下： 1）多活高可用可以保证应用在不同的地域或可用区同时运行，从而实现灾备和容灾，提高应用的可靠性和稳定性。2）全局负载均衡可以根据应用的流量和性能情况，动态地分配和调整请求到最优的服务节点，从而实现负载均衡和故障转移，提高应用的响应速度和用户体验。3）自动诊断、恢复可以利用智能的监控和分析技术，快速地发现和定位应用的故障和异常，从而实现自动化的修复和恢复，提高应用的恢复时间和效率	通过多活高可用、全局负载均衡等韧性技术，帮助企业实现多活的应用部署，自动诊断、恢复的平均修复时间（MTTR）从天级提升到分钟级

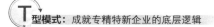
（续）

能　　力	详　　解	作　　用
安全可信	关键组成部分说明如下： 1）软件供应链安全可以保证应用在开发、构建、部署和更新的过程中不受恶意代码或漏洞的影响，提高应用的安全质量和信任度。 2）安全云脑可以为应用提供智能的安全防护和治理，利用大数据和人工智能技术实现应用的实时监控、风险识别、威胁阻断和自动修复，提高应用的安全性能和可恢复性。3）全局安全可观测可运营可以让企业对应用的安全状况有清晰的视图和掌控，通过统一的平台和标准化的流程实现应用的安全管理和优化，提高应用的安全水平和价值	通过软件供应链安全、安全云脑等技术方案，帮助企业实现应用的全生命周期安全，让应用生得安全、活得安全

其中，智能化研发是在软件开发过程中应用人工智能技术，以提高研发效率、质量和创新能力；数智融合则推动了企业由数字化向数智化的转变，优化了决策与治理能力。组装式交付提升了应用的交付速度与市场的响应能力；而分布式架构则推动了企业应用架构的升级。韧性高可用是确保企业业务连续性的关键，安全可信则为企业数字化转型提供了安全的基础保障。

我们可以将这六大关键能力按 T 型模式的方式进行分类（见图 4-2）。组装式交付、数智融合与智能化研发这三大能力，主要面向变幻莫测的市场环境，它们通过数字化技术迅速为应用场景注入活力，极大地提高了生产效率和质量，使企业能够灵活应对市场的各种挑战，从而在短期内实现应用的多元化布局，强化了企业的横向核心竞争力。而分布式架构、韧性高可用和安全可信这三大数字化能力，则主要致力于保障技术架构的稳定性与安全性，保证了数据的安全和合规，它们是企业长期、稳定、安全运行的关键支撑，也是构建企业长期发展的纵向核心竞争力的重要基石。

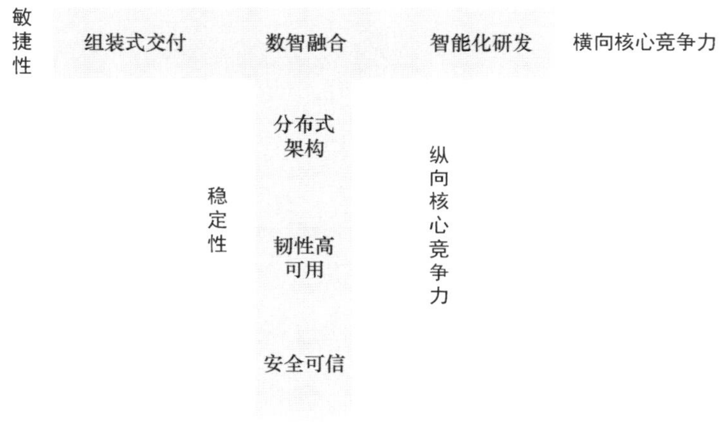

敏捷性	组装式交付	数智融合	智能化研发	横向核心竞争力
		分布式架构	纵向核心竞争力	
	稳定性	韧性高可用		
		安全可信		

图 4-2 按 T 型模式分类六大关键能力

对于专精特新企业而言，在充满高度不确定性的市场环境下，其数字化能力中的横向核心竞争力就如同指南针，指引并助力企业实现多元化发展。这种能力不仅使企业能够迅速响应市场的瞬息万变，还能助其在短期内实现业务规模的拓展。然而，专精特新企业的独特性也决定了其必须重视数字化能力中的纵向核心竞争力。这种竞争力仿佛稳固的基石，确保企业底层架构的稳固、数据的安全与合规，从而为企业长期稳定、安全的发展保驾护航。唯有当横向与纵向核心竞争力达到动态平衡时，企业才能驶上高质量发展的快车道。

4.3 专精特新企业发展新质生产力：供应链优化角度

在 2024 年的全国两会上，人工智能再次成为备受瞩目的焦点。在 2024 年《政府工作报告》中，"人工智能"一词被三次重点提及，并首次提出了"人工智能+"行动。报告指出，深入推进数字经济创新发展……深化大数据、人工智能等研发应用，开展"人工智能+"行动，打造具有国际竞争力的数字产业集群。这些举措清晰地传达出国家将加强人工智能的顶层设计，并迅速推动以人工智能为主导的新型生产力的形成⊖。

"新质生产力"的首次提出是 2023 年 9 月习近平总书记在黑龙江考察期间⊖。它有别于传统生产力，主要以创新为驱动，与高质量发展的要求高度契合。数字化转型正以前所未有的方式重塑着传统的生产模式，它依托云计算、大数据、人工智能等尖端技术，引领着生产过程迈向信息化、智能化和自动化的崭新阶段。新质生产力的涌现，象征着生产力的现代化和一次质的飞跃。它以科技创新为驱动力，呈现出高质量、高效率和高附加值的特点，为经济社会的持续发展注入了新的活力。

从古典经济学的视角来看，生产力传统上由资本、劳动和土地（包含所有

⊖ 朱宏任."人工智能＋"推进新质生产力发展[J/OL]. 企业管理，2024 年（512）：6-7[2024-04-06]. https://mp.weixin.qq.com/s/FoQNXq8nc-HlPq5gX68rwA.

⊖ 新华网. 习近平在黑龙江考察时强调 牢牢把握在国家发展大局中的战略定位 奋力开创黑龙江高质量发展新局面[EB/OL]. (2023-09-08)[2024-09-09]. http://www.xinhuanet.com/politics/leaders/2023/09/08/c_1129853312.html.

其他资源）等要素组成，并辅以传统技术的支持。这一观点构成了亚当·斯密经济学理论的核心，其中这些生产要素往往展现出边际收益递减的趋势。

然而，随着时代的演进，学者对于生产力的理解也在不断深化。约瑟夫·熊彼特强调了企业家管理在创新中的核心作用，彼得·德鲁克提出了知识工作者的概念，而诺贝尔经济学奖得主保罗·罗默则明确将知识视为新的生产要素。这一较新的生产要素呈现出与传统要素截然不同的特征——边际收益持平，甚至在某些情况下，罗默认为其边际收益是递增的。

如今，我们提出"新质生产力"这一概念的核心内涵，它是大数据和技术（人工智能）作为新生产要素与传统生产要素的全新融合。这种新质生产力不仅具有颠覆性，更展现出边际收益递增的全新特征，预示着生产力发展的新篇章，如图 4-3 所示。

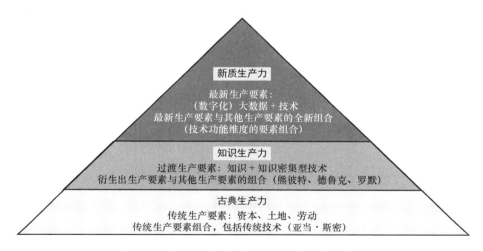

图 4-3　新质生产力预示着生产力发展的新篇章

新质生产关系标志着从传统（古典）生产关系转向知识生产关系之后的

进一步转变，即知识生产关系转向生态协同关系与人机协同关系。传统生产关系主要是指资本家与劳工的从属关系、资本家与代理人的从属关系，以及代理人与劳工的从属关系，其中资本家（企业股权拥有者）作为核心利益拥有者，与劳工、代理人之间存在博弈与冲突。此时，资本家作为企业股权拥有者成为核心利益拥有者。

然而，在知识生产关系时代，这一格局发生了显著变化。劳工（尤其是技术工人）、科技人员以及管理人员，凭借其所掌握的知识资源，成为知识工作者，也就是说他们变成知识领域的"资本家"，可以有与金融资本家（企业股权拥有者）日益平等的地位，获得可以与其讨价还价的资格。换言之，知识作为一种生产要素，即生产资料，其拥有者的地位显著提升，能够与金融资本家抗衡。例如，在硅谷等地，风险投资对高端人才的追逐，说明知识工作者与金融资本家所处地位逐渐趋于平等。这种新兴的关系，我们称为"直接利益相关者"关系。

然而，"直接利益相关者"关系主要局限于一个行业内部的利益相关者之间。新质生产关系则更进一步，超越了行业界限，形成了跨界协同、共创共享的新型生产关系。这包括工业互联网、生态平台等新型组织模式，以及"产、学、研"协同的创新生态和人机协同模式。因此，新质生产关系面对的是更广泛的"间接利益相关者"，它突破了行业内部的局限，涉及跨行业的协同竞合，同时还将高校与政府纳入其中。这种新型生产关系将极大改变我们对企业管理的传统认知，推动管理学研究从人与人之间的协作关系扩展到人与机器、机器与机器之间的协作关系，为未来的创新发展提供了全新的视角和路径，如图 4-4 所示。

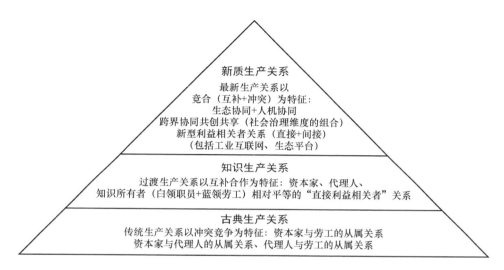

图 4-4　新质生产关系为创新发展提供全新的视角和路径

　　工信部对国家级专精特新"小巨人"的认定标准涵盖了多个维度，其中包括专、精、特、新、链、品。在"链"这一维度上，主要考察企业是否处于产业链的关键环节〇，能否在产业中补齐短板、强化长板、填补空白，从而发挥重要的链接和支撑作用。这一标准的设立，旨在发掘那些在产业链中具有显著影响力和潜力的企业，进一步推动产业的升级和发展〇。

　　中国亟待强化价值链上游"五基"领域的"补链"工作，以弥补产业体系的不足，这也是近期大力推崇专精特新"小巨人"企业的初衷。在价值链

〇　睿见 Economy. 如何加快培育"专精特新"中小企业的发展？科学技术部原副部长吴忠泽谈到三个方面[EB/OL]. (2023-05-28)[2024-04-07].https://finance.sina.com.cn/hy/hyjz/2023-05-28/doc-imyvisvy9352837.shtml.

〇　投中网. 全国专精特新"小巨人"企业发展报告[R/OL].(2024-04-03)[2024-06-05].https://mp.weixin.qq.com/ s/x178HIsxNcm7KgZAyTZqAA.

中，下游的链主企业（大型领军企业）应与上游的专精特新企业（即"五基"领域的小型领军企业）紧密协作，共同构建稳健的全价值链。

联想合肥产业基地是大龙头企业构建纵向供应链产业集群的例子。联想集团作为全球最大的个人计算机（PC）研发和制造基地，其鼓励上下游供应商伙伴在产业基地周边设厂、扩大投资，形成一个"4 小时产业圈"。供应商的配套服务在 4 小时车程以内，且配合供应链各个环节的数字化和智能化管理，使联想合肥产业基地能够在接到全球订单的 4 小时内从原材料仓库调取 2 000 多类零配件，并进行自动分拣、运送至计算机主板生产车间。以产业集群为基础，联想集团带动了一大批中小型供应商、经销商共同成长，其 200 多家供应商和 6 万家渠道伙伴都是中小企业，其中专精特新企业有 35 家，单项冠军企业有 15 家，以及单项产品冠军企业有 7 家。

值得注意的是，专精特新企业的发展离不开产业集群和产业生态的强力支持，同时，中国产业集群的未来发展也亟待这些企业的积极贡献。这种产业集群与现有的各类园区存在显著差异。

具体来说，中国的园区与西方国家的园区有着本质的不同。中国的园区多以政府为主导，通过招商引资自上而下地构建，园区内通常汇聚了多元化的不相关产业。这是中国园区的普遍特征。

然而，这种特征导致大多数中国园区并不符合产业集群的定义，即以一个主导产业为核心，集群成员间高度依赖，并在地理上紧密集聚，包括纵向的供应链关系和横向的同类产品的供应商关系。简言之，产业集群应同时具备地理集聚和产业集聚两大特点。相比之下，西方国家的园区更多是市场自下而上自然形成的，以企业自组织的方式构建，园区内通常高度聚焦于一个主导产业，即采用产业集群的模式。

其实中国也存在一些自然形成的产业集群，如义乌的小商品集群，但这些集群有的因高度同质化而陷入恶性竞争的困境。

中国园区亟待转型，首先应向产业集群转变，其次应进一步发展为高度差异化的产业集群，以专精特新企业为主体，从而开展高价值的良性竞争与合作，超越传统的恶性竞争模式。

在欧洲国家/地区，由同类产品供应商组成的产业集群屡见不鲜。例如，意大利米兰地区就存在许多专注于制造业零配件的供应商集群。这些集群内的企业采取产品高度差异化的战略，专注于同类产品的不同应用场景，从而避免了恶性竞争，并促进了彼此间的良性合作。这些产业集群内部的合作远胜于竞争，可以共享一个包括技术、生产、销售等平台在内的集群赋能平台，尤其是当这些平台与数据平台整合时。

这实际上是产业大脑的真正体现。我们建议将产业大脑更名为产业集群大脑，因为产业大脑概念缺乏明确的地理集聚含义和产业集聚含义，而产业集群大脑以产业集群为基础，为共享数据平台提供了坚实的基础。

总之，与大型领军企业的"保链"作用相辅相成，专精特新企业可以通过"补链"来提升供应链的韧性，尤其是当它们与差异化的产业集群融合时，其意义更加重大。

4.4 数字化赋能专精特新企业的具体举措

新型生产工具不仅是新质生产力的核心体现，更是社会生产力发展水平的重要衡量标志。回顾历史，工业革命时期的蒸汽机的使用极大地推动了生产效率的飞跃，而信息时代的计算机和互联网则彻底改变了社会生产生活的面貌。如今，随着数字经济的浪潮汹涌而至，一场以数智化转型（即以人工智能为基础的人机协同）为核心的技术革命正在深刻重塑企业的组织和管理模式。

数字化转型的旅程可以划分为两个关键阶段。上半场聚焦于信息化，致力于将业务数据"线上化"，实现业务流程的全面数字化，例如 ERP 系统的广泛应用。而下半场则是对数字化的深化和升华，通过数字化技术为业务创新赋能，实现真正的数字业务化，例如运用人工智能技术来驱动和革新业务模式。

对于专精特新企业而言，数字化赋能是必由之路。这要求企业从多个维度入手。首先，必须强化数字化基础设施建设，构建稳固的网络、数据中心和云计算平台，为数字化应用奠定坚实基础。其次，要全面推进业务流程的数字化改造，利用数字化技术优化研发、生产、销售、服务等各个环节，显著提升企业的运营效率。再次，企业需加强数据治理和应用能力，通过数据挖掘和分析洞察新的商业机会，并有效识别和管理运营风险。最后，企业还应积极参与数字生态的建设，与合作伙伴共同构建一个开放、共享、协同的数字化生态环境。

根据广泛的行业经验，我们可以总结出数字化赋能专精特新企业的五大通用措施。

1. 数字化推动降本增效

在全球化和数字化时代背景下，企业可以借助先进技术降低成本并提升运营效率。例如，通过实施数字化管理系统，企业可以优化资源分配、减少浪费，并提高工作流程的自动化程度，从而显著降低运营成本并提升工作效率。数字化技术对高科技制造业企业节能减排、提高效率有明显作用。就拿联想为例，数字化技术改善其工艺流程，优化供应链环节，将印刷电路板组装工艺的能耗和碳排放量减少 35%。在闭环质量管理方面，联宝工厂实现了提前 24 小时精准预测货物到港信息，自动生成检验报告以及闭环联动管理，减少了来料检验的时间，将入库效率提升了 50%⊖。

2. 数字化构建全产业链整合

数字化转型为太极集团带来了前所未有的机遇，推动了全产业链的整合与革新。通过精心构建的数字化平台，太极集团得以更有效地协调供应链、生产、销售等关键环节，大幅提升了整体产业链的响应速度和灵活性。这种深层次的整合不仅显著增强了太极集团的市场竞争力，还使其对市场变化具

⊖ 联想集团. 撬动万亿数字化服务市场，联想中国定下两大目标[EB/OL].(2022-04-14)[2024-06-05]. https://brand. lenovo.com.cn/brand/PPN00966.html.

备了更为敏锐的洞察力和适应性。

太极集团进行了周密的总体设计、路径规划和场景突破分析，细致评估产业链条中各个板块的数字化业务场景和应用场景[⊖]。在工业板块，太极集团致力于推动该板块的线上数字化和终端数字化，实现数据驱动下的产品开发和精准营销，以满足市场多元化需求。在生产板块，通过建立统一的产能数据指标体系，太极集团优化了产能规划和产销对接流程，确保生产的高效与精准。在商业板块，太极集团统一了数字会员运营体系和运营方式，并搭建了数字化赋能平台，实现了内外部工业销售的深度协同与高效联动。在科研与种植板块，太极集团建立了贯穿全产业链的数字化质量追溯体系，初步探索了 AI 在医药机理与评估中的应用，为产品质量的提升提供了有力保障。

太极集团四大板块之间的顺畅连通和内外反馈机制依赖于完善的数据通路建设。数据成为驱动业务全链条和管理全方位突破的核心力量。在数字化转型的进程中，数据如同太极集团的"灵魂"，源源不断地从市场需求中汲取养分，驱动各板块之间紧密连接，支撑着规范治理的深入实施。最终，通过内外反馈与市场需求的紧密联动，太极集团将形成数字化太极的正循环。在这个循环中，数据不断迭代、优化，推动着太极集团向更高的目标迈进。

⊖ 孙天澍，李梦军. 太极集团的新质生产力：全产业链数字化[EB/OL].(2024-05-22)[2024-06-05]. https://mp. weixin.qq.com/s/Xma4kTuLraV7HJHmTjRHtA.

3. 数字化助力营销创新与增长

利用数字化手段，企业可以创新市场营销模式，拓展销售渠道，实现业务增长。例如，通过社交媒体、电子商务平台等数字化渠道，企业可以更广泛地触达潜在客户，提高品牌的知名度和市场份额。

大多数专精特新企业聚集于制造业。随着经济的发展和技术的进步，中国企业特别是制造业面临着产能过剩的严峻挑战。钢铁、水泥、平板玻璃、煤化工、多晶硅和风电设备等行业均位列其中，产能过剩不仅造成资源浪费，还给企业带来沉重的经济负担。在这一背景下，数字化技术成为企业创新市场营销模式、开拓新市场领域的关键。数字化技术能够提供深入的市场数据分析和预测，帮助企业洞察市场需求和趋势，从而调整产品结构，开发新的应用领域。在产能过剩的背景下，这种市场导向的转型至关重要。

以明泉集团为例，该企业在互联网时代下积极探索能化行业的精细化管理。通过与化多多的深度合作，明泉集团成功推出了定制化的采销平台，实现了甲醇行业乃至大宗商品行业内的首次"自由竞拍"。这一创新举措不仅优化了采销交易环节，还通过共享客户云吸引了新客户参与竞拍，显著提升了交易效率和透明度。明泉集团与化多多的合作展示了数字化技术在打通营销渠道、提升供应链管控水平方面的巨大潜力。

4. 智能工厂引领产业升级

数字化技术正在推动工业制造向智能制造转型。通过构建智能工厂，企业可以实现生产过程的自动化、信息化和智能化，提高生产效率和产品质量。这不仅有助于降低生产成本，还能增强企业的市场竞争力。

东方国际（集团）拥有遍布全球的近 40 家制造工厂，并为耐克、斯凯奇等国际品牌提供 OEM（原始设备制造商）生产。这家企业同样认识到智能制造与"工业 4.0"的时代价值。该集团信息管理部高管深知在这个注重个性与定制化的时代，要求制造业实现更高层次的互联互通以及智能设备与机器间的深度通信。为响应这一时代召唤，东方国际（集团）特设智能制造事业部，专注于海外工厂的数字化改造。通过将信息技术与制造技术深度融合，集团成功提升了现有生产线的生产能力与效率。在供应链管理上，集团也实现了从线性到网络化的转变，以数字化为引擎对工厂制造端进行了全面改造。这包括实施同步计划、动态交付、数字化研发、智能采购以及智慧工厂等一系列创新实践。

5. 数据驱动决策实现智能化

在数字化时代，数据已成为企业决策的重要依据。通过数据挖掘和分析，企业可以更准确地了解市场需求、客户行为等信息，从而做出更明智的决策。这种数据驱动决策的方式有助于提高企业决策的准确性和有效性，推动企业持续发展。

邦德激光的数字化转型也取得了显著成果。其决策智能化不仅体现在管理层决策思维的转变上，还体现在对客户价值的精准把握上。邦德激光的高管指出："过去，信息化只是企业管理提效的工具之一，企业对人财物等环节进行粗放型管控。如今，随着整体大环境的不断演变，数字化运营理念已逐渐深入到企业高层的管理理念中。未来企业管理将更加依赖数据价值，数字化应用在企业管理决策中将发挥越来越大的作用。"邦德激光将数字化转型视为长期战略，并重视数据驱动的智慧决策。2022 年，基于客户数据的价值挖掘，邦德激光实现了智慧营销决策。通过与 Zoho 合作引入 CRM 系统，邦德激光建立了深刻的客户洞察，细分了客户价值，挖掘了潜在客户，并根据客户信息打造了更加贴近市场的产品，提供了更懂客户的服务。

综上所述，数字化赋能已经成为企业发展的重要趋势。通过降本增效、全产业链整合、营销创新与增长、智能工厂建设和数据驱动决策等举措，企业可以更好地应对市场挑战，实现持续创新和增长。

本章内容对您有什么启发？可以记录在下面的横线处。

_____

_____

_____

_____

_____

_____

结 语

随着全球化和数字化浪潮汹涌而至，中小企业尤其是专精特新企业正站在转型升级的历史交会点上。这些企业在我国经济体系中扮演着举足轻重的角色，不仅是创新发展的生力军，更是推动经济高质量增长的重要力量。面对日益激烈的市场竞争和快速变化的市场环境，如何借助数字化手段赋能专精特新企业，成为摆在我们面前的重要课题。

回顾本章内容，我们深入探讨了数字化赋能专精特新企业的具体举措和路径。从宏观政策层面的支持到中观产业链配套的完善，再到微观层面的数字化能力建设，我们为专精特新企业构建了一个全方位、多层次的支持体系。特别是，我们强调了数字化在推动企业高质量发展中的核心作用，提出了"专精特新+数字化"的高质量发展模式，旨在通过数字化技术与企业核心业务深度融合，提升企业的运营效率和创新能力。

在数字化转型的旅程中，专精特新企业需要关注几个关键方面。首先，强化数字化基础设施建设，构建稳固的网络、数据中心和云计算平台，为数字化应用提供坚实基础。其次，全面推进业务流程的数字化改造，利用数字化技术优化研发、生产、销售、服务等各个环节，提升企业的运营效率。再次，加强数据治理和应用能力，通过数据挖掘和分析发现新的商业机会，有效识别和管理运营风险。最后，积极参与数字生态的建设，与合作伙伴共同打造一个开放、共享、协同的数字生态环境。

数字化不仅为专精特新企业带来了降本增效、全产业链整合、营销创新等具体效益，更重要的是，它推动了企业决策模式向智能化转变。通过数据挖掘和分析，企业可以更准确地了解市场需求、客户行为等信息，从而做出更明智的决策。这种数据驱动的决策方式不仅提高了决策的准确性和有效性，还为企业持续创新和发展提供了有力支撑。

展望未来，专精特新企业将在数字化赋能下迎来更加广阔的发展空间。我们期待这些企业能够紧抓数字化机遇，不断提升自身竞争力和创新能力，为我国经济的高质量增长贡献更大力量。同时，我们也呼吁政府、社会各界共同关注和支持专精特新企业的数字化转型，为其提供更多的政策和资源支持，共同推动中国中小企业的繁荣发展。

第 **5** 章
走进专精特新"小巨人"

本章精要

- 申昊科技：工信部专精特新标准分析、报告、T 型模式构建设计
- 舜宇光学：工信部专精特新标准分析、报告、T 型模式构建设计
- 杰牌传动：工信部专精特新标准分析、报告、T 型模式构建设计
- 汇川技术：工信部专精特新标准分析、报告、T 型模式构建设计
- 至纯科技：工信部专精特新标准分析、报告、T 型模式构建设计
- 海康威视：工信部专精特新标准分析、报告、T 型模式构建设计

在日新月异、竞争激烈的商业环境中，企业如何持续创新并保持竞争优势，已成为业界关注的焦点。T 型模式作为新兴的企业战略框架，因其独特的视角和实用性，正受到越来越多企业的青睐。在本书的前 4 章中，我们已对 T 型模式的核心概念进行了深入解读，并探讨了企业采纳此模式的动因及其具体的构建与实施策略。我们还从宏观政策层面、中观产业发展层面，到微观的数字化能力建设层面，深入剖析了如何为专精特新企业提供坚实的支持与发展动力。

经过一系列案例对比和实证研究[⊖]，我们可以发现类似专精特新、专精特新"小巨人"、单项冠军企业（我们统称为"精一赢家"）的一些关键发展符合 T 型模式的核心特点。"精一赢家"在产业链的细分领域内持续深耕，通过长期的专业化运营，不断磨砺并塑造自身的核心竞争力。创新作为推动企业成长的重要引擎，涵盖了技术、流程、产品以及管理等多个维度。这种全方位的创新不仅提升了产品和服务的附加值，更为企业打开了新的市场大门。这正是通过创造新的生产函数，实现价值的新增长，与熊彼特的创新理论不谋而合。

然而，效率则是"精一赢家"稳固基础、稳步前行的关键。这涉及人力资源、资金运作、厂房管理、设备利用、技术应用、物流协调以及营销策略等多个经营要素的投入与产出比。通过精细化管理和优化现有生产函数，企业得以提升整体效率。

⊖ 邬爱其，李平，吴波. "专精特新"企业成长的 Y 型模式[J]. 清华管理评论，2024（Z1），32-41.

从创新与效率这两大成长动力的结合来看，"专精特新"企业主要可归为三大类⊖（见图 5-1）。首先是创新引领型企业，它们以卓越的创新能力脱颖而出，即便运营效率不算顶尖，也能凭借高附加值的产品或服务在市场中占据优势。其次是效率赋能型企业，它们在创新方面或许表现平平，但却能凭借出色的运营效率和成本控制能力，赢得市场竞争的先机。最后是双轮驱动型企业，它们既拥有强大的创新能力，又具备高效的运营效率，从而拥有了双重的成长动力。

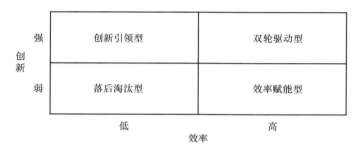

图 5-1 专精特新企业分类

值得注意的是，虽然上述三种类型的企业中都可能涌现出"精一赢家"，但**创新能力卓越往往是这类企业的显著标志**。而那些在创新和效率上都表现欠佳的企业，则通常会被市场淘汰，因为它们缺乏明显的竞争优势和成长潜力，不属于我们所讨论的"精一赢家"的范畴。

"精一赢家"以其在产业链细分领域的持续精耕与专业化发展，成功孕育出出色的创新能力和卓越的运营效率，从而在白热化的市场竞争中稳固了自身的立足之地。然而，随着企业规模的不断壮大和实力的日益强盛，两大

⊖ 邬爱其，李平，吴波."专精特新"企业成长的 Y 型模式[J]. 清华管理评论，2024（Z1），32-41.

发展瓶颈也逐渐浮出水面。

首先，企业面临着专业深化与市场空间有限之间的矛盾。这类企业在细分领域持续积累专业知识，具备丰富的产品研发、生产制造和客户服务经验，因此能够提供市场竞争力极强的产品或服务。但遗憾的是，细分市场往往受限于市场空间的大小，当企业成长到一定阶段时，这种束缚感会愈发强烈。这导致许多坚持专业化的中小企业在规模扩张的道路上遇到阻碍，特别是在行业市场规模有限的情况下，"天花板"效应更为显著。此现象也被学界称为"专业化悖论"。为了迎接这一挑战，"精一赢家"需根据细分市场的实际状况灵活调整并优化成长策略。尽管部分企业选择向多元化发展转型，然而，若新涉足的市场与原有市场无显著关联，可能会逐渐削弱企业的"精一赢家"特质。

其次，企业还面临着能力刚性与扩展适应之间的困境。"精一赢家"在特定产业链细分领域深耕，使其形成了与特定领域高度契合的核心能力，这成为其深入挖掘该细分市场机遇的锐利武器。但是，此种核心能力往往受限于特定的产业和技术领域，特别是企业在产品研发、生产制造和客户需求响应等方面的经验、诀窍等隐性知识，难以直接应用于新的产业和技术领域，即学界所称的"能力陷阱"。为了挣脱这一桎梏，企业需要不断调整和优化其核心能力结构，甚至构建更高层次的动态能力。尽管有些企业试图通过打造面向新兴产业和技术领域的核心能力来突破成长瓶颈，但如果新能力与既有核心能力之间缺乏紧密联系，也可能会淡化企业的"精一赢家"特质。

在前面的章节中，我们对 T 型模式的原理进行了详细的阐述。然而，关于 T 型模式在时间维度上，特别是对其动态演化路径与过程的探讨尚显不足。在本章中，我们精选了 6 个来自不同行业的"精一赢家"进行深入研究。这些企业在各自领域内均展现出较强的创新能力和敏锐的市场洞察力，堪称行业典范。通过深入剖析它们的 T 型模式设计与实践经验，我们期望能为大家提供更为具体、生动的参考与借鉴，特别是揭示中国"精一赢家"的动态成长轨迹与过程，以期为企业的发展提供更为全面的指引。

5.1 申昊科技：工信部专精特新标准分析、报告、T 型模式构建设计

在本节里，我们以一家国家级专精特新"小巨人"杭州申昊科技股份有限公司为例。申昊科技成立于 2002 年，是一家致力于设备检测及故障诊断的高新技术企业。通过充分利用传感器、机器人、人工智能及大数据分析技术，服务于工业大健康领域，为工业设备安全运行及智能化运维提供综合解决方案。

目前，申昊科技已开发了一系列具有自主知识产权的智能机器人及智能监测控制设备产品，可用于电力电网、轨道交通、油气化工等行业，解决客户的难点与痛点，为客户无人或少人值守和智能化管理提供有效的检测、监

测手段。公司设有全国示范院士工作站，同时拥有省级高新技术企业研发中心、省级智能电网企业研究院、省级工业设计中心等科研平台。公司积极与行业协会合作制定技术标准，为行业的技术规范、技术发展贡献自己的力量，引领行业发展。公司成立了全国巡检机器人工作组，并多次牵头和参与制定了多个行业标准和团体标准。同时，公司被认定为专精特新"小巨人"企业，省级"隐形冠军"企业，省级创新型示范企业等。公司将继续秉承"见面揖一礼，有利让一分，遇难帮一把，谋事高一筹"的经营理念，紧密跟随国家重大发展战略，立足于工业检测与故障诊断领域，以服务"工业大健康"为宗旨，谋划"人工智能+工业大健康"的战略布局，在机器人、人工智能和大数据等新兴技术领域开拓创新，构筑出一个"海陆空隧"全方位、立体式的检测、监测体系，实现"工业健康有申昊，排除故障不再难"的宏伟愿景。

1. 对照标准分析

我们根据工信部针对"小巨人"认定标准的专、精、特、新、链、品这六个维度指标（专业化指标、精细化指标、特色化指标、创新能力指标、产业链配套指标、主导产品所属领域指标）进行案例解析。

申昊科技作为一家长期专注于工业设备检测及故障诊断领域的高新技术企业，近年来在多个方面展现出其强大的竞争力和发展潜力。以下是对申昊科技"小巨人"认定标准的分析。

1）从专业化程度来看，申昊科技成立于 2002 年，一直聚焦于设备检测及故障诊断的细分市场。其主营业务完全集中于通用设备制造业，显示出极高的专业化水平。

2）在精细化管理方面，申昊科技在精细化管理方面也取得了显著成效。公司申请了大量的专利，并荣获国家知识产权优势企业的称号。同时，公司在质量管理体系、环境管理体系以及信息技术服务管理体系等方面都获得了认证。此外，企业的负债率远低于 70%，显示出良好的财务管理能力。

3）从产品特色来看，申昊科技的产品在电力智能巡检领域具有龙头地位，其省内市占率高达 63.98%，并积极开拓了多个省份的市场。这种鲜明的产品特色使得申昊科技在行业中具有较高的知名度和影响力。

4）申昊科技在创新能力方面也表现出色。公司投入大量资金进行研发，研发费用占比持续保持在较高水平。此外，公司还拥有浙江省级重点院士工作站，为企业的持续创新提供了有力支持。

5）从智能巡检机器人行业的产业链来看，申昊科技已经形成完善的产业链配套。公司不仅关注中游的智能巡检机器人制造，还积极与上游关键零部件供应商和下游应用场景进行合作与拓展。这种全方位的产业链布局使得申昊科技在行业中具有更强的竞争力。

6）申昊科技的主要产品属于制造强国战略的重点产业领域，如先进轨道交通装备、节能与新能源汽车以及电力装备等。这些领域都是国家战略发展的重点方向，申昊科技的产品与国家战略需求高度契合。

案例分析总结如表 5-1 所示⊖。

表 5-1 申昊科技

认定标准	案 例 解 析
专业化指标	公司已经成立 22 年,聚焦于设备检测及故障诊断这一细分市场。公司在深圳创业板上市,公司年报显示通用设备制造业是主营,占比 100%。近些年,由于受国内外环境的影响,申昊科技 2021 年年报显示相较于上一年同比增长 25.80%,2022 年则大幅下降,增长率为-49.12%
精细化指标	通过企知道查询,截至 2024 年 4 月,申昊科技申请专利总数 575 件,有效发明 145 件,荣获国家知识产权优势企业称号。在国家《"机器人+"应用行动实施方案》的引领下,申昊科技以创新为驱动力,持续扩展产业应用领域,在崭新的生态环保领域取得了突破。推出一款融合了机器人、人工智能和大数据分析技术的在线监测智能运维管控系统,为运维管理迈向更智能、高效的阶段奠定了稳固基础。公司已通过质量管理体系认证、环境管理体系认证、信息技术服务管理体系认证等相关管理体系认证。2022 年的企业负债率为 40.19%,远低于 70%的指标要求
特色化指标	申昊科技是电力智能巡检领域的龙头。截至 2018 年底,公司变电站智能巡检机器人的省内市占率高达 63.98%,并积极开拓了湖北、宁夏、北京、山东、山西、吉林、辽宁、黑龙江和江西等多个省/自治区/市的市场

⊖ 我们从企知道、公司网站和现有文献搜索整理信息。同时参考了以下信息:

1. 公告君.申昊科技:将聚焦深耕"人工智能+工业大健康"战略,继续布局海陆空隧监测检修产品[EB/OL].(2024-01-17)[2024-06-11].https://me.mbd.baidu.com/r/1hXZLVCBUw8?f=cp&u=08e9f62bb10a4e5b.

2. 智研咨询.产业链全景图|智研——智能巡检机器人产业百科【465】[EB/OL].(2024-04-08)[2024-06-11].https://t.10jqka.com.cn/pid_348154355.shtml.

（续）

认定标准	案 例 解 析
创新能力指标	根据公司 2023 年三季度报，总营业收入为 3.05 亿元，研发费用为 7942.52 万元，占比 26.05%。另据公司 2022 年年报显示，总营收为 3.91 亿元，研发费用为 1.28 亿元，占比 32.74%。申昊科技的研发人员有 244 人，占比 41.92%。公司具有浙江省级重点院士工作站
产业链配套指标	从智能巡检机器人行业产业链来看，上游是指关键零部件供应商，主要包括伺服电机、减速器、控制器等；中游是指智能巡检机器人制造；下游是指行业的主要应用场景，包括电力、数据中心、石化、轨道交通、农业、城市综合治理等。在申昊科技深耕的下游领域，形成横向"海陆空隧"立体空间布局的产品体系
主导产品所属领域指标	申昊科技主要产品智能巡检机器人为制造强国战略的重点产业领域——先进轨道交通装备、节能与新能源汽车、电力装备等

综上所述，申昊科技在专业化、精细化、特色化、创新能力以及产业链配套等方面均表现出色。未来随着国家对高端制造业和智能制造的大力扶持，以及申昊科技自身技术的不断创新和市场拓展，其有望成为行业内的领军企业。

2. 申昊科技的 T 型模式设计

首先，技术专精发展构筑纵向深度核心竞争力。申昊科技在技术上既坚守内核技术，又积极集成其他新的技术，在坚守中寻求创新；在业务上既深耕产业链细分领域，又依据技术能力扩展新的行业场景，不是简单固守既有市场而失去发展机会。这充分体现出企业在技术和市场两个方面平衡坚守与创新关系的"刚柔相济"特点。

一是技术的专业精一化定位。在企业创立初期，由于资源相对稀缺，企业均选择相对聚焦的领域，如申昊科技聚焦于设备检测领域。

二是应对多元应用场景变化的技术可集成性（absorption）。虽然相对聚焦，但是技术领域也具有显著的可集成性，即能够吸收、整合相关应用场景所需的新技术，以实现内核技术的纵深集成。

三是精一技术纵深集成的三个层次。作为技术可集成性的自然延伸，精一技术纵深集成表现为时间序列的三步框架，即初期表层的内核技术（智能电网技术）、中期中层的集成技术（机器人技术）、后期深层的再集成技术（无轨导航、运动控制、多传感器融合等技术）。

其次，市场应用场景多元化发展构筑横向广度核心竞争力。与技术专精发展相对应，申昊科技实现了市场应用场景的多元化拓展，其特征表现在以下三个方面。

一是精一技术的可多用性（versatility）有助于市场应用场景多元性[⊖]。由于细分市场有其生命周期和市场容量限制，专精特新企业会持续探索与其精一技术相匹配的新应用场景，破解精一化瓶颈。因此，企业不仅表现为在同一时间截面上会存在若干相关应用场景，还表现为在时间轴上新应用场景的持续涌现。申昊科技持续拓展其技术的市场应用场景，形成了在特定时

⊖ 除申昊科技外，其他几家企业也体现这一特征。

间节点上多元应用场景并存的现象。例如，申昊科技围绕其精一技术领域进行多元场景开发，而技术的可延展性意味着其精一技术能够支撑新场景拓展，而不需要进行全新技术研发，因此利于其低风险、低成本地做市场多元化扩张。

二是市场应用场景异质性与价值空间升级特征。不同应用场景之间存在价值差异性。多元应用场景的异质性在给企业带来更高价值空间的同时，也给企业带来新的、更高的技术要求，驱动企业技术的纵深集成。

三是市场应用场景的三类典型业务。作为市场应用场景可延展性和"上台阶"的结果，专精特新企业在业务场景上表现为三类典型业务（借鉴波士顿矩阵的业务组合分类方法），即金牛（眼前核心业务：变电在线监测）、明星（近期核心业务：智能巡检机器人）、准明星（未来核心业务：第三代轮式智能巡检机器人）。

最后，纵横双向联动发展（与动态能力的双元拓展相关）。创新是连接技术精一纵深集成和市场应用场景多元拓展的核心纽带，体现在下面三个方面。

一是多元应用场景会通过"探索式创新"驱动精一技术纵深集成。多元应用场景，特别是应用场景的"上台阶"，会驱动企业通过"探索式创新"来驱动其精一技术的纵深集成。

二是精一技术会通过"应用式创新"驱动多元应用场景拓展。精一技术的纵深集成也会通过"应用式创新"来开发新的市场应用场景，特别是根据价值空间开发新应用场景。

三是基于双元性学习和创新的横纵双向联系。初期表层的内核技术对应眼前核心业务（低阶应用式创新导向，发生在初期或当前时间 T0；此时此刻，内核技术与金牛业务二者完美静态配合）；中期中层的集成技术对应近期核心业务（高阶应用式创新导向，发生在近期 T1；此时此刻，集成技术动态赋能明星业务的形成与发展，而后者也可能赋能前者）；后期深层的再集成技术对应未来核心业务（探索式创新导向，发生在未来远期 T2；此时此刻，准明星业务倒逼探索式创新再集成技术，而后者也可能倒逼前者）。因此，技术与业务的互动关系表现为双箭头影响，如图 5-2 所示。

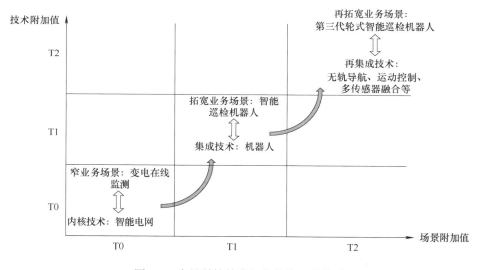

图 5-2　申昊科技技术与业务的互动关系

3. 申昊科技的动态成长轨迹与过程（5+1 步）

第一步：精心选择发展的起点

不论是从市场需求的角度，还是从技术供给的层面，专精特新企业总会聚焦于那些具有最大拓展潜力或技术深化空间的基点。这个基点需具备较强的可延展性或可集成性，从而成为推动企业持续成长的突破口。对于传统行业，这一基点通常源于现有的市场或技术基础。而在新兴行业中，则更多地着眼于新兴市场或前沿技术。申昊科技选择了变电在线监测作为其发展的基石。

第二步：实现从点到线的跨越

这一转变的核心在于建立起坚实的内核技术，进而形成初步的纵向产业链，即实现内核技术与主导业务的紧密结合和相互支持。在传统行业中，线的形成往往基于对原有技术的改进。而在新兴行业中，则更多地依赖于新兴技术的引入和发展。申昊科技在这一阶段选择了智能电网技术作为其发展的主线。

第三步：推动从线到面的全方位发展

这一阶段的关键在于扩大主导市场的影响力，构建一个既包含纵向深化又包含横向拓展的小型产业生态。在横向拓展方面，企业需要将现有的市场应用场景做到极致，打造出首个明星业务，直至使其成长为稳定的金牛业务。随后，以成熟的内核技术为基石，培育新的增长点。由于这些新业务都是基于已有的内核技术，因此从一开始就具有较高的成功率，从而降低了企业的风险和成本，增强了企业的韧性和动态适应能力。所有横向市场的拓展都会遵循从准明星到明星，再到金牛的发展路径，并不断循环往复。其背后的逻辑在于，技术供给与市场应用场景之间的灵活转换。例如申昊科技将机器人技术应用于智能巡检机器人的开发。

第四步：深入进行技术的纵向集成与分层发展

这种深化可能源于市场需求的推动，也可能源于技术自身的发展规律，但最佳的状态是市场需求与技术供给的完美结合。例如，申昊科技的核心技术从智能电网技术逐步深化到机器人技术，再到多传感器融合技术，既符合技术发展的内在逻辑，又满足了市场的实际需求。纵向深化的核心在于市场需求与技术开发的高效集成。在这一阶段，申昊科技的无轨导航技术、运动控制技术，以及多传感器融合技术被应用于第三代轮式智能巡检机器人的开发。

第五步：持续发展

在第四步的基础上，不断重复第三步的策略。由于技术的深入集成，企业能够开拓更具价值的市场应用场景，从而实现新业务的高价值回报。这是专精特新企业与一般企业的显著差异所在。申昊科技从电力巡检场景，成功拓展到更为复杂的轨道交通、石油化工等应用场景。

最后，将上述微观步骤融合为宏观的双元演化过程，即应用式学习与探索式学习的有机结合。在初始阶段（T0），基础的内核技术通过初级的应用式创新支撑着当前的金牛业务；在发展阶段（T1），更为集成的技术通过高级的应用式创新推动着新兴明星业务的发展，实现技术与业务的相互赋能；在未来阶段（T2），准明星业务将引领企业通过探索式创新进一步推动技术的再集成与发展，形成技术与业务之间的动态互动。例如申昊科技在不同阶段分别聚焦于智能电网技术、机器人技术，以及无轨导航、运动控制、多传感器融合等先进技术的研究与应用。

5.2 舜宇光学：工信部专精特新标准分析、报告、T型模式构建设计

在我们提出 T 型模式之前，位于浙江余姚的舜宇光学给了我们重大启迪。舜宇光学创立于 1984 年，是综合光学零件及产品制造商。公司于 2007年 6 月在中国香港联交所主板上市，是中国内地首家在中国香港上市的光学企业。30 多年来，公司以每 10 年 10 倍以上的速度增长，2020 年首次跻身中国企业 500 强。舜宇光学起初主要生产相机镜头、显微镜镜头、望远镜镜头等普通玻璃光学镜头。随着生产规模的扩大和企业的发展，其产品逐渐扩展到更为高端的树脂光电镜头，包括手机镜头、监控镜头、医疗镜头、车载镜头、智能设备镜头、AR/VR 镜头等新兴领域。舜宇光学始终专注于镜头领域专精深耕，坚定不移地实施"名配角"战略，始终聚焦于光学产品领域，致力于打造卓越一流的光电企业。

1. 对照标准分析

相较于专精特新"小巨人"企业，舜宇光学的体量会更大，是典型的单项冠军企业，我们将类似企业统称为"精一赢家"，都是符合专精特新企业

特点的。我们根据工信部针对"小巨人"的认定标准进行案例解析。案例分析总结如表 5-2 所示[⊖]。

表 5-2　舜宇光学

认定标准	案 例 解 析
专业化指标	公司已经成立 40 年，聚焦光学及相关产品行业市场。公司于 2007 年在中国香港主板上市。公司年报显示，光学相关产品占比 100%。由于近些年，受国内外环境的影响，舜宇光学 2023 年总营收为 317.82 亿元，同比 2022 年降低 5.93%
精细化指标	公司精细化管理程度高，截至 2024 年 6 月有 4 项有效的管理体系认证，2023 年的企业负债率为 54.51%，远低于 70% 的指标。随着绿色工厂的逐渐完善，公司已经建成光学镜片数字化车间并投入使用，真正实现了从原材料入厂到镜头成品出厂的全流程数字化管理以及质量全过程追溯
特色化指标	公司以每 10 年 10 倍以上的速度增长，连续 6 年蝉联《财富》中国 500 强榜单，2020 年首次跻身中国企业 500 强，其中车载镜头的市场占有率连续多年位居全球首位，手机镜头、手机摄像模组的市场占有率位居全球第一
创新能力指标	2023 年总营业收入为 317.82 亿元，研发费用为 25.75 亿元，占比 8.10%，大于"小巨人"企业标准的营收过亿元企业的 3% 的标准。公司有博士后工作站和院士工作站

⊖ 我们从企知道、公司网站和现有文献搜索整理信息与解析。

125

（续）

认定标准	案例解析
产业链配套指标	对光学产业链的分析可以看出，舜宇光学主要立足于产业链的上游，为众多的下游厂商提供产品或服务。光学产业链的上游和中游产业链的扩展相对比较容易，但要想实现全产业链条的完整经营却十分困难。关键在于下游终端产业链的打造，不仅需要巨量的资本和技术，更要面对已经形成相对垄断的行业格局，更不用说一个品牌的经营需要十年磨一剑
主导产品所属领域指标	舜宇光学的主营业务包括光学零件、光学产品和电子仪器，主要应用领域为汽车、手机和相机。从事的细分产品市场属于制造业核心基础的零部件、元器件、关键软件、先进基础工艺、关键基础材料和产业技术基础

持续成长具备上述 T 型模式的三大特征。舜宇光学在技术升级和场景拓展的发展历程，如图 5-3 所示。

2. 舜宇光学的 T 型模式设计

首先，舜宇光学通过技术的专精发展，构建了坚实的纵向核心竞争力。它在初创期便专注于镜头技术，不断磨炼内核技术，同时积极吸纳并集成新技术，以此实现技术的持续创新与深化。这种技术的专业化和集成性不仅体现在玻璃镜片打磨技术的精湛上，更在于其能够灵活融入光电技术，甚至进一步整合智能光学等先进技术，形成了一个层次分明、逐步深入的技术体系。

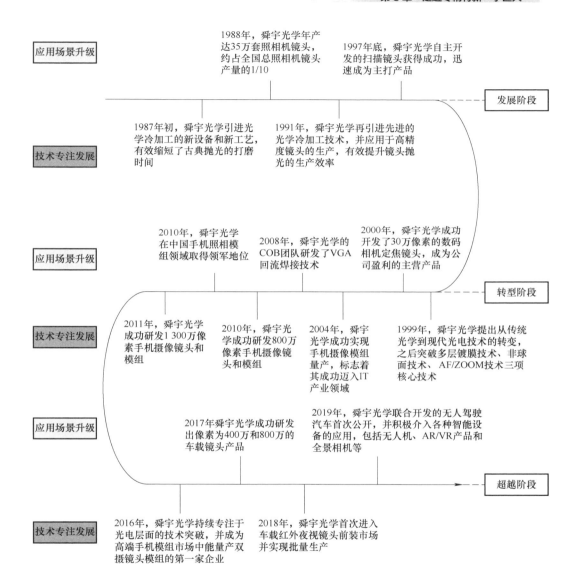

图 5-3 舜宇光学的发展历程

其次，舜宇光学在市场上的布局同样精妙。它通过将精一技术应用于多元化的市场场景，不仅破解了技术的专一化瓶颈，还有效拓展了市场空间。

其技术的多用性和延展性使得舜宇光学能够在多个市场领域中并存且蓬勃发展，如从照相机镜头到手机镜头＋模组的多元化业务拓展。这种市场的多元化不仅提升了企业的价值空间，还对其技术提出了更高的要求，从而推动了技术的进一步集成与创新。

最后，舜宇光学的纵横双向联动发展战略是其成功的关键。它通过创新将技术的深化与市场的多元化紧密结合起来。多元的应用场景驱动了技术的纵深集成，而技术的集成又进一步推动了新应用场景的开发。这种基于双元性学习和创新的横纵双向联动，使得舜宇光学能够在不断变化的市场环境中保持领先地位。例如，其初期内核技术完美支撑了当前的金牛业务，而中期的集成技术则动态赋能了近期的明星业务，未来的再集成技术更是为准明星业务的探索式创新提供了强大动力。这种技术与业务的双向互动，共同推动了舜宇光学的持续成长与创新，如图 5-4 所示。

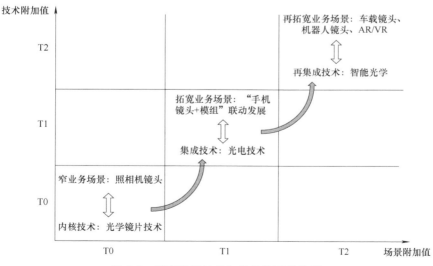

图 5-4　舜宇光学技术与业务的互动关系

3．舜宇光学的动态成长轨迹与过程（5+1 步）

第一步：精心选择发展的起点

舜宇光学的发展起点是光学镜片技术，对应照相机镜头市场。这个起点具有较强的可延展性和可集成性，为企业后续的持续成长奠定了基础。

第二步：实现从点到线的跨越

舜宇光学选择了玻璃镜片打磨技术作为其发展的主线，通过建立起坚实的内核技术，形成了初步的纵向产业链。在这一阶段，舜宇光学实现了技术与业务的紧密结合和相互支持。

第三步：推动从线到面的全方位发展

舜宇光学通过扩大主导市场的影响力，构建了一个既包含纵向深化又包含横向拓展的小型产业生态。以成熟的内核技术为基石，舜宇光学不断培育新的增长点，如手机镜头和模组等，实现了从准明星到明星业务，再到金牛业务的发展路径循环。

第四步：深入进行技术的纵向集成与分层发展

舜宇光学的核心技术从普通光学技术深化到光电技术，再到光电智能化技术，这既符合技术发展的内在规律，又满足了市场的外部要求。这种技术的纵向集成与分层发展，为舜宇光学开拓了更具价值的市场应用场景。

第五步：持续的发展循环

在技术的深入集成基础上，舜宇光学不断重复第三步的策略，形成持续的发展循环。由于技术的深入集成，舜宇光学能够开拓更具价值的市场应用场景，从而实现新业务的高价值回报。

最后，舜宇光学的整个发展路径可以看作应用式学习与探索式学习的有机结合。 在初始阶段（T0），基础的内核技术支撑着当前的金牛业务；在发展阶段（T1），更为集成的技术推动着新兴的明星业务；在未来阶段（T2），准明星业务将引领企业通过探索式创新进一步推动技术的再集成与发展。这种技术与业务的动态互动，构成了舜宇光学独特的动态成长路径。

5.3 杰牌传动：工信部专精特新标准分析、报告、T型模式 构建设计

杰牌传动始创于 1988 年，历经 30 余年的沉淀与发展，已在齿轮领域深耕细作，并逐渐崭露头角。从初期的境外代工到自主技术研发，杰牌传动在齿轮领域不断突破，提升自身技术实力。其自主研发的蜗杆减速机于 1988 年成功面市，在随后的 1996 年和 2002 年，杰牌传动又分别推出了齿轮减速机和塔式起重机，每一步都彰显了企业的技术实力和创新精神。

自 2014 年起，杰牌传动积极响应数字化变革的号召，对业务进行了战略性的重组。它将蜗杆减速机业务与齿轮业务合并，更加专注于核心业务的发展。到了 2016 年，为了更专注于齿轮领域，杰牌传动做出了战略决策，出售了吊塔业务。此后，企业的智能工厂于 2018 年顺利开工，经过 3 年的精心建设，于 2021 年投产。这一系列的变革不仅提升了生产效率，更将原本的离散制造转变为高效的流程制造，在 2023 年实现达产。

在技术日益专精的同时，杰牌传动还借助数字化平台，成功拓展了更多的细分市场，为齿轮技术找到了更广泛的应用场景。企业不仅关注自身的技术发展，还积极推动产业生态建设，聚焦于补链强链，以增强更广泛的行业影响。

1. 对照标准分析

值得一提的是，相较于一般的专精特新企业，杰牌传动在体量上更大，是行业内的单项冠军。这样的企业更符合工信部针对专精特新企业的各项标准，下面我们对杰牌传动的优秀特质进行深入解析，如表 5-3 所示[一]。

表 5-3　杰牌传动

认定标准	案例解析
专业化指标	1988 年创办的杰牌传动（创立初为甘露减速机厂）是一家专业生产智能齿轮减速机和智能传动方案的领军企业

[一] 案例分析资料来源于企知道、公司网络及现有文献等渠道。

（续）

认定标准	案 例 解 析
精细化指标	杰牌传动打造的"未来工厂"，运用大数据、云计算、物联网和人工智能等技术，实现了一台智能齿轮减速机的智能制造之旅和智能监测运维，推动了企业从专业化向智能化的新赛道切换。根据企知道查询，截至 2024 年 6 月公司有 6 项管理体系资质
特色化指标	目前公司已为新能源、新材料、农业机械、纺织机械等十大行业头部企业提供关键核心零部件，实现进口替代，尤其在工程机械等领域，其产品的国内市场占有率能达到 90%以上
创新能力指标	杰牌传动是国家高新技术企业，建有杰牌智能传动研究院、国家博士后科研工作站、国家认可减速机实验室、北大杰牌智能传动联合实验室、西电杰牌未来传动联合实验室、机械工业减速机工程技术中心和企业技术中心等创新平台。杰牌传动通过全员成长规划与创新 DNA 计划，打造产业联盟、实现永续经营
产业链配套指标	构建产业生态，实现五链互联，从供应链管理到创新链整合、产业链发展、价值链协同到生态链建设
主导产品所属领域指标	在制造强国、质量强国、数字中国的背景下，杰牌传动开启了属于自己的"弯道超车"模式。从专业化制造到智能制造、从生产制造到制造服务的转型，锁定国产替代、品牌升级、联合开发目标，并对外输出"未来工厂"智能传动方案

2. 杰牌传动的 T 型模式设计

首先，杰牌传动在设计其独特的 T 型模式时，既坚守了核心技术的根基，又积极吸纳新的技术元素，以此实现技术上的持续创新，进而不断夯实并提升其核心竞争力。该公司秉持渐进式的技术革新与市场拓展策略，通过深耕某一领域，不断磨炼并加强其核心技术实力。杰牌传动以此为基础，凭借深厚的技术储备，逐步向新的行业领域迈进，再通过新领域的实践历练，进一步拓展和增强其技术实力。这种"核心技术—技术融合—再技术融合"的动态演进模式，使杰牌传动在技术上保持高度专注的同时，又展现出强大的技术整合与吸纳能力，能够灵活融合不同应用场景所需的新技术，从而实现核心技术的深层次整合与提升。

其次，在业务布局方面，杰牌传动不仅深入钻研产业链的细分领域，更依托其强大的技术实力，不断拓展新的行业场景，以此构建起宽广的横向竞争力。该公司通过精心策划的"金牛业务—明星业务—准明星业务"的梯次发展策略，为企业的稳健与长远发展奠定了坚实基础。从蜗杆减速机、电扶梯主机与工业齿轮箱，逐步拓展到齿轮减速机，再进一步进军智能传动业务，杰牌传动在业务的横向拓展与技术的纵向深化之间寻求到完美的平衡点，从而实现了企业价值的持续攀升。

最后，在专精特新企业的发展轨迹中，技术能力的不断升级与行业场景的持续拓展相辅相成，共同推动了杰牌传动的蓬勃发展。这种发展模式不仅显著提升了企业的经营效益，更为其进军更具挑战性与价值的市场领域奠定了坚实基础。将核心技术广泛应用于多个行业场景，有助于企业全面提升技术能力、运营效率、客户响应速度、服务质量以及品牌影响力。这种以核心技术为轴心的专注发展模式，正是专精特新企业构筑并增强其核心竞争力的关键所在。

在杰牌传动的 T 型模式中，技术的持续深化与业务的不断拓展相互辉映，共同推动着企业的飞速发展。在初始阶段（T0），涡轮刮研技术和多头涡轮副切削技术为企业早期的蜗杆减速机、电扶梯主机与工业齿轮箱等业务提供了坚实的技术支撑；进入发展阶段（T1），齿轮减速机技术的运用推动了齿轮减速机业务的蓬勃发展；而在后续的未来阶段（T2），智能数字化技术的引入则引领了智能传动业务的快速崛起。这种技术和业务相互促进、共同发展的模式，正是杰牌传动 T 型模式设计的核心与精髓，如图 5-5 所示。

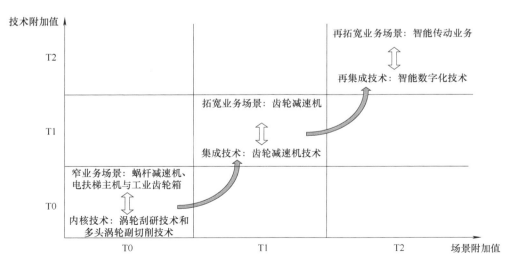

图 5-5 杰牌传动技术与业务的互动关系

3. 杰牌传动的动态成长轨迹与过程（5+1 步）

第一步：精心选择发展的起点

杰牌传动在规划发展之初便深思熟虑，结合市场需求与技术供给，选定了具有广阔拓展空间和技术深化可能性的业务起点。这一起点不仅具有强大的可扩展性，同时也易于与其他技术或业务集成，为企业未来的持续成长奠定了坚实基础。在早期，杰牌传动便聚焦于蜗杆减速机、电扶梯主机与工业齿轮箱等核心业务。

第二步：从点到线的跨越

随着业务的逐步展开，杰牌传动开始构建自己的核心技术体系，并由此形成了初步的产业链条。在这一阶段，企业实现了技术与主导业务的紧密融合。杰牌传动选择了涡轮刮研技术和多头涡轮副切削技术作为发展的主线，这不仅在传统行业中对原有技术进行了改进，更在发展中引入了创新元素。

第三步：全面拓展，形成产业生态

为了进一步扩大市场影响力，杰牌传动开始构建一个集纵向深化与横向拓展于一体的产业生态。企业将现有的市场应用场景进行优化和拓展，成功打造出一系列明星业务，并将其逐渐转化为稳定的收益来源。同时，基于成熟的核心技术，企业不断培育新的业务增长点，这些新业务从一开始就展现出较高的市场潜力和成功率，有效降低了企业的运营风险和成本，提升了企业的整体竞争力。

第四步：深入进行技术的纵向集成与分层发展

在这一阶段，杰牌传动开始追求技术的纵向集成与分层发展。企业紧密结合市场需求和技术发展规律，实现了技术与市场的完美对接。例如，在智能传动业务领域，杰牌传动成功将智能数字化技术与传动技术相结合，开发出一系列创新产品。

第五步：循环发展，持续创新

基于前四步的积累，杰牌传动开始进入持续循环发展的阶段。企业不断重复第三步的策略，通过技术的深入集成和持续创新，开拓出更多具有高价值的市场应用场景。这种循环发展的模式，不仅推动了企业业务的持续扩张，更使得企业能够不断探索新的市场机会和商业模式。在这一过程中，杰牌传动成功将业务扩展至物流装备、水泥建材、纺织机械、电力能源等多个领域。

最后，从整体成长轨迹看，实现微观与宏观的战略融合。 杰牌传动将上述五个微观发展步骤与宏观的双元演化过程相结合，实现了应用式学习与探索式学习的有机统一。在初始阶段（T0），企业依托基础核心技术推动当前业务的发展；在发展阶段（T1），企业通过技术的集成与创新，推动新兴业务的快速成长；在未来阶段（T2），企业将继续探索新的技术与市场机会，引领行业的创新与变革。这种微观与宏观的战略融合，使得杰牌传动能够在不断变化的市场环境中保持领先地位，实现持续、健康发展。

5.4 汇川技术：工信部专精特新标准分析、报告、T 型模式构建设计

汇川技术自 2003 年创立至今，已发展成为一家专注于工业自动化和新能源产品研发、生产与销售的领军企业。其核心业务是电机控制器。凭借独特的电机控制技术，公司成功开辟了多元化的市场应用场景。

汇川技术自创立伊始，便深耕电机驱动与控制、电力电子及工业网络通信等关键技术领域。它坚持技术营销与行业营销双轮驱动，为各细分市场量身打造全面的解决方案，并致力于实现进口替代策略。汇川技术聚焦于工业的自动化、数字化与智能化，不断钻研"信息层、控制层、驱动层、执行层、传感层"的核心技术。

历经 20 多年的积淀与发展，公司已形成五大业务板块：通用自动化、智慧电梯、新能源汽车、工业机器人以及轨道交通。其产品广泛应用于新能源汽车、电梯、空压机、工业机器人、CCC 制造、锂电池、光伏、起重、机床、金属制品等众多领域，深受市场好评。

1．对照标准分析

值得一提的是，汇川技术在行业内堪称翘楚，其企业规模远超一般的专精特新企业，堪称行业内的单项冠军。它不仅符合工信部对专精特新企业的

认定标准，更在专业化程度、精细化管理、特色化经营、创新能力、产业链完善度以及主导产品的市场领导力六个方面表现卓越。我们对汇川技术的这些显著优势进行了调研与剖析，如表 5-4 所示[⊖]。

表 5-4　汇川技术

认定标准	案 例 解 析
专业化指标	自 2003 年创立至今已经 21 年，发展成为一家专注于工业自动化和新能源产品研发、生产与销售的领军企业
精细化指标	根据 2023 年公司年报显示，其资产负债率较低，为 48.93%。截至 2024 年 6 月，其有效管理体系认证有两项。在数字化转型的浪潮中，汇川技术驱动自动化与数字化的深度融合，通过覆盖网、源、荷、储等各个阶段的数字化管理，为构建绿色、低碳、可持续的能源体系奠定坚实基础
特色化指标	汇川技术的产品主要用于通用自动化、智慧电梯、新能源汽车、工业机器人和轨道交通。在通用自动化领域，汇川技术的市场占有率排名靠前，其中通用伺服系统在中国市场的份额约为 24.3%，位居第一。低压变频器产品在中国市场的份额约为 17.5%，位居第一。小型 PLC 产品在中国市场的份额约为 15.4%，位居第二。工业机器人产品在中国市场的份额为 7.02%，排名第六
创新能力指标	根据年报显示，汇川技术在 2023 年全年总营业收入为 304.20 亿元，研发费用为 26.24 亿元。公司设有博士后工作站

⊖ 案例分析资料来源于企知道、公司网络及现有文献等渠道。

（续）

认定标准	案例解析
产业链配套指标	汇川技术将创新成果深度融合于传统产业中，为产业升级注入强劲动力。针对传统产业的诸多挑战，公司提出了一系列富有创新性的解决方案
主导产品所属领域指标	汇川技术主要产品为工业自动化和新能源产品，属于制造强国战略重点产业领域

2. 汇川技术的 T 型模式设计

首先，汇川技术在纵向核心竞争力上展现出深厚实力。在技术层面不仅坚守核心技术，更积极融合新兴技术，于变革中寻求创新，于稳固中不断探索。在业务层面，它不仅深耕产业链的细分领域，更依托强大的技术实力勇拓新的市场，避免因故步自封而错失成长机遇。这充分体现了企业在技术和市场两方面寻求坚守与创新的平衡，展现出"刚柔并济"的战略智慧。

一是，汇川技术的技术定位既专业又精准。在资源有限的初创期，企业选择了聚焦策略。二是，其技术体系展现出卓越的融合与集成能力，能够灵活适应并整合多元应用场景中的新技术，从而实现核心技术的持续优化与扩展。三是，汇川技术的技术可集成性体现在三个层次上。作为技术可集成性的自然发展结果，它遵循时间序列形成一个清晰的三步走框架：初期以表层内核技术（变频器技术）为基石，中期发展至中层集成技术（服务器技术和电驱技术），最终在后期实现服务器技术与智能技术的深度融合。

其次，汇川技术在横向核心竞争力上，秉持长期主义理念，坚持渐进式的技术革新和市场拓展策略。汇川技术的业务拓展路径清晰，通过深入探索并精通特定行业场景，公司不断夯实技术基础，并以此为跳板，逐步进军新市场。这种从技术到业务的良性循环，不仅构建了从技术到智能化的动态演进模式，还形成了从稳固业务（电梯电机等）到新兴业务（CCC、光伏、锂电池、新能源汽车），再进一步探索未来的准明星业务的阶梯式发展路径，从而确保企业稳健前行，长远发展。

最后，汇川技术实现了价值的持续攀升。这得益于技术能力的不断升级和行业应用场景的稳步扩展。通过在产业链细分领域深耕，企业不仅锤炼出独特的技术实力，还在相关行业中取得了卓越的经营成果。同时，企业凭借已有的能力基础，成功拓展至新的市场领域，这不仅为其提供了学习新知识和提升技术层级的机会，还助力其打开更具挑战性但回报更丰厚的市场大门。从企业的成长历程来看，这无疑是一个价值不断攀升的过程。

此外，汇川技术巧妙地将核心技术广泛应用于多个行业场景，不仅有效增强了技术实力、提升了运营效率、加快了客户响应速度、优化了客户服务体验，还进一步扩大了品牌影响力。这一过程也促使企业更加专注于以核心技术为中心的相关业务，从而有助于构建并不断强化其核心竞争力。正是这种核心竞争力，赋予了汇川技术独特的发展特色：既坚韧不拔，又灵活多变，稳健前行，同时实现价值的持续攀升，如图 5-6 所示。

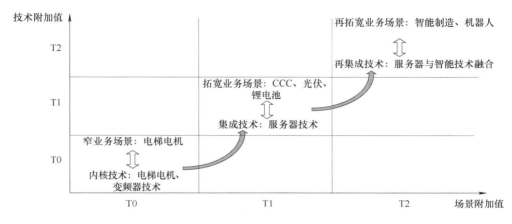

图 5-6　汇川技术技术与业务的互动关系

3. 汇川技术的动态成长轨迹与过程（5+1 步）

第一步：精心选择发展的起点

汇川技术明智地选择了电梯电机控制系统作为发展的起点，这一战略选择不仅展现了其深远的洞察力，还为其后续的长远发展奠定了坚实的基础。一个好的起点可能是市场需求中的一个空白，也可能是技术供给中的一个创新点。这样的起点不仅要能承载企业的雄心壮志，还要有足够的可延展性和可集成性，以支撑企业未来持续扩张。对于已经成熟的行业，企业可能会从现有的市场或技术基础中寻找这样的起点，而在新兴行业中，企业则更倾向于从新市场或尖端技术中发掘机会。

第二步：实现点到线的跨越

在确定了发展的起点后，汇川技术迅速围绕核心技术建立起一条完整的产业链。这意味着企业需要将核心技术与主营业务紧密结合，让它们相互支持、共同发展。在传统行业中，这一过程可能涉及对原有技术的改进和提升。而在新兴行业中，则更多地需要引入和发展新技术。汇川技术将变频器技术作为发展的主线，不仅提升了其技术实力，更为其开拓新市场提供了有力的"武器"。

第三步：推动全方位发展

完成了从点到线的跨越后，汇川技术开始致力于推动全方位的发展，不仅在主导市场中扩大了影响力，更通过构建包含纵向深化和横向拓展的产业生态，进一步巩固了市场地位。通过打造出具有标杆意义的明星业务，并不断培育新的增长点，汇川技术成功实现了业务的多元化发展，增强了企业的适应能力和韧性。

第四步：深入进行技术的纵向集成与分层发展

随着业务的不断拓展，企业需要进一步深化技术的纵向集成与分层发展。这种深化可能源于市场需求的推动，也可能源于技术自身的发展规律。汇川技术在这一阶段实现了服务器与智能技术的有机融合，这一创新举措不仅提升了其技术水平，更为其开拓了新的市场机会。汇川技术这一阶段的发展充分体现了市场需求与技术供给的完美结合。

第五步：持续的发展循环

在完成了技术的深入集成后，企业需要不断重复前四步的策略，形成一个持续的发展循环。汇川技术通过技术的深入集成和应用场景的拓展，不断开拓更具价值的市场机会，实现新业务的高额回报。这种持续创新和升级的能力正是专精特新企业的核心竞争力所在。

最后，融合微观与宏观视角。汇川技术的成功不仅得益于其微观层面的精准战略和高效执行，更在于将前面几个微观的发展步骤有机融合为一个宏观的发展框架。通过将应用式学习与探索式学习相结合，汇川技术在不同发展阶段都展现出强大的适应能力和创新能力。在初始阶段（T0），汇川技术的电梯电机、变频器技术主要应用于电梯电机；在发展阶段（T1），汇川技术的服务器技术已广泛应用于多个领域；在未来阶段（T2），准明星业务将引领汇川技术不断推动技术与业务的动态互动与协同进化。

5.5　至纯科技：工信部专精特新标准分析、报告、T 型模式构建设计

至纯科技始创于 2000 年，在中国半导体产业中占据了举足轻重的地位。作为专注于半导体设备领域的佼佼者，公司一直致力于集成电路测试设备的研发创新。历经 20 余年在半导体行业的深耕细作，至纯科技在2020 年荣获第二批专精特新"小巨人"企业的称号。其主要业务范围包括半导体湿法清洗设备以及高纯工艺系统的技术研发、产品制造和市场销售。

1. 对照标准分析

值得一提的是，至纯科技的高纯工艺系统正稳步推进系统、设备及元器件层面的全面国产替代，展现了其在国内半导体行业中技术领先、实力雄厚且经验丰富的行业地位。公司在专业化程度、精细化管理、特色化经营、创新能力、产业链完善度以及主导产品的市场领导力六个方面表现卓越。我们对至纯科技的这些显著优势进行了细致的调研与剖析，如表 5-5 所示⊖。

表 5-5　至纯科技

认定标准	案 例 解 析
专业化指标	公司已经成立 24 年，聚焦泛半导体领域，2023 年年报显示，泛半导体业务收入占总营业收入的 90.22%
精细化指标	截至 2024 年 6 月，至纯科技申请专利总数 285 件，有效发明 62 件。截至 2024 年 6 月具有管理体系认证 2 项。2023 年的企业负债率为 57.49%，低于 70% 的指标
特色化指标	国内高纯工艺系统、高纯工艺设备市场排名第一
创新能力指标	公司年报显示，2023 年总营业收入为 31.50 亿元，研发费用为 2.24 亿元，占比 7.11%，公司设有 2 个院士专家工作站
产业链配套指标	延伸产业链，拓展新领域，至纯科技紧紧围绕"进口替代"这一理念，业务逐步向上游延伸。半导体湿法清洗设备是贯穿半导体产业链的重要工艺环节，在全球半导体设备的市场销售额占比约 5%～7%，但目前全球半导体清洗设备市场基本被国际大厂垄断。至纯科技主要进行半导体湿法清洗设备和高纯工艺的国产化替代

⊖ 案例分析资料来源于企知道、公司网络及现有文献等渠道。

（续）

认定标准	案例解析
主导产品所属领域指标	至纯科技的主要产品为制造强国战略的重点产业领域，如新材料、生物医药及高性能医疗器械

2．至纯科技的 T 型模式设计

至纯科技领军高纯工艺系统，切入半导体湿法清洗设备领域打造成长新引擎。公司自 2000 年成立，传统业务是为半导体、光伏、医药等行业提供高纯工艺系统，2016—2021 年复合增速为 32.6%，持续保持稳健增长；2015 年切入半导体湿法清洗设备领域，2018 年放量，2021 年收入贡献已达 33.6%，两年复合增速为 193%，规模高速扩张。公司深耕电子、生物和能源领域 20 年，形成了工艺、设备、材料三位一体的发展战略。未来，"高纯工艺系统+湿法制程设备"将继续成为驱动公司规模扩张的重要引擎。

2015 年公司开始布局半导体湿法清洗设备领域。2019 年，公司并购波汇科技成立了光电子事业部，波汇科技的光纤传感技术具有分布传感、集中解调、石英敏感材质、适用严苛环境、抗电磁干扰能力强、本征防雷、防电涌、系统可靠性高、负载能力强、生命周期成本低廉、可定制微型化尺寸等特点，主要业务为光纤传感与光电子元器件业务，其他方面暂无延展。波汇科技的光电子元器件可用于光通信模块。至纯科技通过收购波汇科技，补充了公司在光电子元器件领域的能力。

2019—2020 年公司并购了珐成制药与广州浩鑫，成为公司生物制药业务板块的经营和发展主体（BU4）；2020 年投资成立至一科技作为先进工艺材料业务经营和发展主体（BU3），主要经营高纯工艺系统的产品。高纯工艺系统是指泛半导体（集成电路、平板显示、光伏、LED 等）、生物制药等先进制造业的产品生产工艺中以不纯物控制技术为核心的工艺。高纯工艺系统主要包括高纯特气系统、大宗气体系统、高纯化学品系统、研磨液供应及回收系统、前驱体工艺介质系统等。高纯工艺系统的产品主要包括气体高纯工艺设备及系统、化学品高纯工艺设备及系统、物料及水系统。公司通过控制高纯工艺介质（气体、化学品、水）的纯度，以实现其制程精度要求，保障并提升产品良率。

至纯科技采用的 NanoSpray 技术，可以提供 8～12 寸晶圆制造 28nm 节点全部湿法工艺。所以，至纯科技可以提供 28nm 节点及以上的全部清洗设备以及 14nm 节点的部分清洗设备。

首先，至纯科技在技术创新上另辟蹊径，既坚守自身的核心技术，又不断吸纳新兴技术，以创新为内核，寻求技术的融合与突破。在业务领域，公司在深耕产业链细分领域的同时，也凭借强大的技术能力，积极拓展新的市场领域，避免了因固守现有市场而错失发展良机。这种策略充分体现了企业在技术和市场两个方面寻求坚守与创新平衡的"刚柔并济"之道。

企业的技术定位彰显了其专业与精准。在创立初期资源有限的情况下，至纯科技明智地选择了高纯工艺体系，为后续发展奠定了坚实基础。同时，企业技术展现出强大的可集成性，能够灵活应对多元应用场景的变化，吸收并整合新技术，实现核心技术的深度融合与发展。此外，技术的纵深集成也呈现出清晰的层次性，从初期的核心技术到中期的集成技术，再到后期的再集成技术，每一步都彰显了企业对技术创新的深刻理解和不懈追求。

其次，在业务发展上，至纯科技秉承"行稳致远"的理念，坚持长期主义，通过渐进式的技术创新和市场开拓，不断夯实内核技术，并借助技术积累拓展新的市场领域。企业在技术上形成了"内核技术—集成技术—再集成技术"的动态发展格局，在业务上也构建了"金牛业务—明星业务—准明星业务"的梯次安排，以确保稳健而长远的发展。从最初的传统业务到后续的多元拓展，至纯科技始终保持稳健增长，展现了强大的市场竞争力和发展潜力。

最后，专精特新企业的成长之路也是价值不断攀升的过程。通过深耕产业链细分领域并培育独特的技术能力，企业能够在相应行业场景中实现更优的经营回报。同时，依托既有能力基础扩展进入新的行业场景，使企业有机会进一步学习新知识、提升技术水平，进而进军更具挑战性和价值的市场领域。企业将核心技术应用于多个行业场景，不仅增强了技术能力、提升了运营效率、加速了客户响应、优化了客户服务、扩大了品牌影响，还促使企业围绕核心技术专注相关业务，构建并增强了核心能力。这些核心能力又进一步推动了专精特新企业形成刚柔相济、行稳致远和价值攀升的成长特色，如图 5-7 所示。

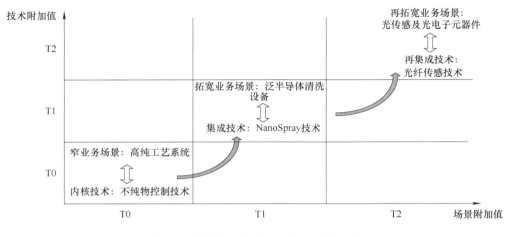

图 5-7   至纯科技技术与业务的互动关系

3. 至纯科技的动态成长轨迹与过程（5+1 步）

第一步：精心选择发展的起点

专精特新企业总会敏锐地捕捉那些具有广阔拓展空间或深厚挖掘潜力的起点。这样的起点不仅要具备强大的可扩展性，还要能集成多种资源，以支撑企业的长远发展。对于传统行业，这一选择通常基于现有市场或技术。而在新兴行业中，则更多关注增量市场或新技术。至纯科技精准地选择了高纯工艺系统作为其发展的起点，这一选择既顺应了市场需求，又依托了技术供给，显示了其深远的战略眼光。

第二步：从点出发，构建技术的线

在确定了发展的起点后，至纯科技迅速围绕这一核心建立了自己的技术体系。至纯科技以不纯物控制技术为基石，通过精确控制高纯工艺介质的纯度来确保制程的精确性，从而提升产品品质。在这一阶段，企业形成了初步的纵向 I 型结构，即实现核心技术与初始主导业务的紧密结合。

第三步：由线及面，拓展主导市场

在成功构建技术的线后，至纯科技开始致力于市场的全面拓展。它将现有的市场应用场景做到极致，成功打造出首个明星业务，并逐渐将其转变为稳定的金牛业务。同时，以核心技术为基础，不断孕育出新的增长点。这些新业务因基于现有的技术基础，因此具有较高的成功率，从而降低了企业的风险与成本，增强了企业的稳定性与动态能力。

第四步：深入进行技术的纵向集成与分层发展

技术的深化可能源于市场需求的推动或技术发展的内在规律，最理想的状态是市场需求与技术供给的深度融合。至纯科技成功地将 NanoSpray 技术融入其技术体系中，从而实现了从提供高纯工艺系统到切入半导体湿法清洗设备领域的跨越。这一阶段的成功得益于市场需求与技术开发的深度融合，展现了企业深厚的技术实力和市场洞察力。

第五步：持续的发展循环

在完成技术的深化集成后，至纯科技通过不断重复并优化前面的策略，形成良性发展循环。技术的纵深集成支持企业开拓更有价值的市场应用场景，新业务能够不断创造出更高的价值回报。例如，至纯科技成功地从泛半导体清洗设备领域进军到更高端的光传感及光电子元器件领域，这正是其持续创新和升级能力的体现。

最后，微观与宏观的双元演化。 至纯科技的发展轨迹体现在将前述微观步骤融合为宏观的发展框架，应用式学习与探索式学习和创新相结合的双元演化过程。在初始阶段（T0），表层核心技术（高纯工艺系统）通过初级应用式创新支撑当前的金牛业务；在发展阶段（T1），中层集成技术通过高级应用式创新支撑近期的明星业务（半导体湿法清洗设备），形成双向赋能；在未来阶段（T2），准明星业务推动企业通过探索式创新深化再集成技术的应用，实现技术与市场的动态互动与协同进化。

5.6 海康威视：工信部专精特新标准分析、报告、T型模式构建设计

海康威视是一家科技创新企业，自 2001 年成立以来，始终秉持着"专业、厚实、诚信"的经营理念，并将"成就客户、价值为本、诚信务实、追求卓越"作为其核心价值观。在过去的 20 多年里，该公司以视频技术为起点，成功构建并完善了以物联感知、人工智能和大数据技术为核心的智能物联（AIoT）技术体系，服务于各行各业的安防需求和场景数字化。

海康威视的使命是将物联感知、人工智能和大数据技术服务于各行各业，推动智能物联的新发展。通过其全方位的感知技术，海康威视助力人与物的更好连接，为构建智能世界打下了坚实的基础。该公司还利用其丰富的

智能产品，深入洞察并尽力满足市场的多样化需求，使得智能技术更加贴近人们的生活。同时，通过其创新的智能物联应用，海康威视为人们打造了一个便捷、高效且安全的智能环境，助力大众拥抱美好的未来。

此外，海康威视还致力于成为智慧行业和智慧城市"数智底座"的构建者。它与智能物联网领域的科研院所、产品供应商、算法开发商等众多合作伙伴紧密合作，共同追求"共享 AI 能力、共创数据价值"的生态发展目标。通过深入洞察用户价值的转变趋势，紧抓用户的核心诉求，海康威视与生态伙伴共同打造了一个涵盖技术、产品、解决方案、服务、销售等全价值链的闭环生态系统，为智慧行业和城市的建设提供了有力的支持，推动了生态伙伴的成功，并共同探索"智能产数据、数据生应用、应用出智能"的数智化商业价值，引领了数智化的新视界。

1．对照标准分析

海康威视在行业内独树一帜，其庞大的企业规模（属于大型单项冠军级别）远超普通专精特新企业，堪称该领域的佼佼者。该公司不仅符合还超越了工信部针对专精特新企业所设定的标准，更在多个关键领域展现出非凡实力。具体而言，海康威视在专业化程度、精细化管理、特色化经营、创新能力、产业链完善度以及主导产品的市场领导力六大维度上均表现卓越，引领行业标准。为了深入解析海康威视的这些显著优势，我们对其进行了全面而细致的调研与剖析，相关调研成果如表 5-6 所示[⊖]。

　⊖ 案例分析资料来源于企知道、公司网络及现有文献等渠道。

表 5-6　海康威视

认定标准	案 例 解 析
专业化 指标	海康威视成立于 2001 年，是一家专注于技术创新的科技公司。其核心业务为智能物联产品及服务，该业务占据公司总营收的 77%
精细化 指标	海康威视的资产负债率较低，为 40.82%。截至 2024 年 6 月，其有效管理体系认证有 37 项。逐步深入企业生产核心领域，海康威视形成控制执行、检测计量、生产运行、设备状态、安全生产与安消一体等数字化产品系列，全力打造以 OT（运营技术）领域为核心的智能物联解决方案
特色化 指标	在 2020 年的全球视频监控市场中，海康威视以卓越的实力稳坐榜首，市场占有率高达 40%，这已是该公司连续九年荣获全球销量第一的桂冠。值得一提的是，海康威视还曾连续八年蝉联全球视频监控行业的领头羊位置，手握全球视频监控市场 24% 的份额，展现了其在该领域的深厚底蕴和强大影响力； 作为国内最大的安防和视频监控产品供应商，海康威视不仅提供出色的监控设备，还是国内领先的综合监控解决方案提供者。其核心产品在国内市场的占有率超过 50%，这一数字足以彰显其在国内安防行业的霸主地位； 随着城市化进程的加速和精细化管理的推进，城市安全问题日益凸显，这使得监控市场的需求持续增长。特别是在新基建的浪潮中，包括 5G、数据中心、人工智能以及城市轨道交通等七大关键领域，安保监控成为不可或缺的环节。海康威视以其先进的技术和可靠的解决方案，正积极参与智慧城市的建设中
创新能力 指标	2023 年全年总营业收入为 893.40 亿元，研发费用为 113.93 亿元。海康威视是博士后科研工作站单位，除杭州总部以外，公司还在国内、海外设立多个本地研发中心，形成了以总部为中心辐射区域的多级研发体系
产业链 配套指标	2017 年，海康威视再度"加码"成都——在兴隆湖畔投资建设海康威视成都科技园，重点开展物联感知技术、人工智能算法、应用软件开发、大数据平台等领域的技术研究与产品研发，积极构建智能物联产业生态
主导产品 所属领域 指标	海康威视的主要产品之一是安防监控设备，包括摄像头、录像机、解码器等。安防产业是国家重点支持的战略产业，既是提高全社会安全保障水平的支撑，又是一个发展前景广阔的新经济增长点

2. 海康威视的 T 型模式设计

这家以研发、生产视频压缩板卡为起点的企业，经过 20 余年的发展，已经成功转型为全球领先的智能物联网产品和解决方案供应商。这一切，都离不开其独特的 T 型模式设计（企业内部自称为"榕树生态模式"）。

自 2001 年成立以来，海康威视就专注于视频压缩技术的研发与创新。在初期资源有限的情况下，企业明智地选择了这一技术领域作为突破口，为后续的技术创新和市场拓展奠定了坚实基础。通过不断优化视频压缩板卡的性能，海康威视迅速在安防行业崭露头角。

随着技术的不断进步和市场需求的变化，海康威视始终坚持渐进式的技术创新。2003 年，企业成功引入 H.264 算法，开发数字化技术，显著提升了视频监控的效率和质量。这一创新举措为海康威视在安防领域树立了技术领先的形象。此后，企业不断拓展产品线，从单一的板卡产品逐步发展到涵盖摄像机、DVR（硬盘录像机）等的多种安防设备，以满足市场的多样化需求。

进入 2015 年，海康威视紧跟科技潮流，率先推出了基于人工智能深度学习技术的视频结构化服务器和车辆分析服务器。这些创新产品将先进的视频分析技术引入安防领域，进一步提升了监控系统的智能化水平。随后几年，企业继续深化人工智能技术在安防产品中的应用，推出了全系列深度智能产品，并成功跻身于"全球安防 50 强"之列。

在业务发展上，海康威视始终秉承"行稳致远"的理念，通过渐进式的技术创新和市场开拓，不断夯实内核技术，并借助技术积累拓展新的市场领域。企业在技术上形成了"内核技术—集成技术—再集成技术"的动态发展格局，这一战略转型不仅顺应了行业发展的趋势，还为企业注入了新的活力。

为了进一步提升技术创新能力和市场竞争力，海康威视还发布了 AI 开放平台，助力各行业开发专属智能硬件产品和解决方案。同时，企业推出了物信融合数据平台，为多个行业提供大数据服务，进一步拓展了其业务范围和服务能力。

近年来，随着智慧城市和物联网技术的兴起，海康威视基于感知平台、数据平台和应用平台构建了面向智慧城市的"数智底座"，并明确了智能物联战略。企业将物联感知、人工智能、大数据技术广泛服务于各行业，为未来的可持续发展奠定了坚实基础，如图 5-8 所示。

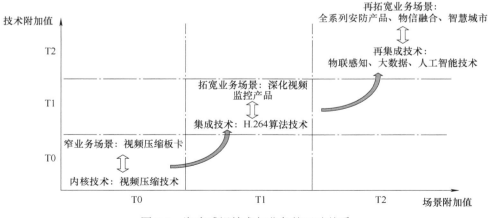

图 5-8　海康威视技术与业务的互动关系

此外，海康威视在团队建设方面也取得了显著成效。企业在国内外建立了完善的销售服务网络和生产制造基地，并拥有一支强大的研发团队，为企业的持续创新和发展提供了有力保障。

综上所述，海康威视的成功离不开其独特的 T 型模式设计、精准的技术定位、持续的技术创新以及强大的团队建设。未来，随着科技的不断进步和市场需求的持续变化，海康威视有望继续保持领先地位，为全球安防行业贡献更多创新力量。

3．海康威视的动态成长轨迹与过程（5+1 步）

第一步：精确定位发展"基点"

专精特新企业在发展之初，总会敏锐地将那些具有广阔拓展空间或深度挖掘潜力的领域作为"基点"，海康威视明智地选择了视频压缩板卡这一领域，该领域不仅市场需求巨大，而且技术可扩展性和集成性强，为企业未来的持续成长奠定了坚实的基础。

第二步：从技术的点出发，构筑核心线

在确定了发展基点后，海康威视迅速建立起核心技术体系，形成初步的纵向 I 型结构。通过引入 H.264 算法，企业显著提升了视频监控的效率和质量，这一核心技术的形成，为海康威视后续的业务拓展提供了强有力的技术支撑。

第三步：由技术的线拓展市场的面

海康威视以核心技术为基石，不断拓展其安防产品线，从单一的视频压缩板卡产品逐步发展到涵盖摄像机、DVR 等多种设备，以满足市场的多样化需求。企业通过将现有市场的应用场景做到极致，成功打造出首个明星业务，并逐步将其转化为稳定的金牛业务。同时，以核心技术为基础，不断孕育新的业务增长点。

第四步：技术的纵深集成与分层演进

随着市场需求的不断推动和技术发展的内在要求，海康威视进一步深化了其技术集成。企业率先推出了基于深度学习技术的视频结构化服务器和车辆分析服务器，将先进的视频分析技术引入安防领域，随后，继续深化 AI 技术在安防产品中的应用。从技术层面分析，企业技术的发展演化是从可见光到非可见光（电磁波），再到声波音频（机械波）。

第五步：持续迭代，实现价值跨越

在技术纵深集成的基础上，海康威视不断重复市场拓展的策略，形成良性循环。技术的深入集成支持企业开拓更有价值的市场应用场景，新业务能够创造更高的价值回报。例如，企业从智能安防领域进军更高端的智慧城市领域，其产品也拓展到无人机、机器人、车载电子设备、智慧医学设备、安检设备等，其业务领域已经拓展到政务服务、公共安全、交通出行、工商企业、能源冶金、文教卫生等 10 类行业、70 多个子行业。

最后，微观与宏观的双元演化。海康威视将前述微观发展步骤与宏观的应用式学习和探索式学习和创新相结合。在初期阶段（T0），企业通过初级应用式创新支撑当前的金牛业务；在发展阶段（T1），随着技术的集成和发展，企业通过高级应用式创新支撑近期的明星业务；在未来阶段（T2），企业将通过探索式创新深化再集成技术的发展，推动技术与业务的共同进化。这种双元演化模式为海康威视的持续发展注入了强大的动力。

本章内容对您有什么启发？可以记录在下面的横线处。

_____

_____

_____

_____

_____

_____

_____

_____

结　语

我们将专精特新企业、专精特新"小巨人"、单项冠军类似属性的企业统一归纳为"精一赢家"，在专业化发展过程中，它们面临两大瓶颈：专业深化与市场空间有限的矛盾，以及能力刚性与扩展适应之间的困境。这些挑战不仅仅是单一企业所面对的问题，更是专精特新企业发展模式中的共性问题。

在本章中，我们探索了"精一赢家"的发展路径与挑战，通过详细剖析 6 个不同行业的"精一赢家"，试图为大家描绘出这些企业在 T 型模式下的发展轨迹与实践经验。这些案例不仅展现了企业如何在特定细分领域内精耕细作，更凸显了它们在面对市场变化和技术革新时的应对策略，以期为企业突破上述两大瓶颈提供思路。

本章的核心贡献在于，我们基于 T 型模式补充完善了专精特新企业发展的动态成长路径。这一路径不仅从结构维度上阐述了技术精一与市场场景多元的协同发展，更从过程维度上详细规划了企业发展的具体步骤。这一动态模型的提出，是对 T 型模式的重要补充和深化，为专精特新企业的成长提供了更为全面、动态的理论指导和实践参考。

在实践层面，本章所提出的动态成长轨迹与过程同样具有深远的指导意义。它帮助企业明确了多元市场场景的战略规划，系统性地构建了业务系列结构，强化了技术精一发展的战略导向，并逐步构建了完善的技术体系。同时，这一过程也鼓励企业平衡双元创新的发展，推动精一技术与多元市场场景的协同共进。

对于政府部门而言，本章的研究也为专精特新企业的遴选标准提供了新的视角。在关注企业眼前成就的同时，更应注重企业的发展潜力和长远规划。通过推动世界一流企业与专精特新企业的贯通发展和协同发展，可以进一步促进产业集群的转型升级，提升整个行业的竞争力和创新力。

综上所述，本章不仅从理论层面对专精特新企业的发展模式进行了深入探讨，更从实践角度为企业和政府提供了有益的指导和建议。我们相信，随着这一发展模式的不断推广和实践，中国中小企业将在全球竞争中展现出更加强大的实力和活力。

后　记

自 2022 年起，在浙江省省长基金项目的支持下，我们开启了对中国专精特新企业发展规律的深入探索之旅。两年的时间里，我们走访了众多企业，与企业家们深入交流，观察并记录下了他们企业的成长轨迹与过程。今天，当这部著作终于完成时，回首过往，感慨良多。

在这 VUCA 时代，企业如同航行在汹涌波涛中的船只，既要应对瞬息万变的市场环境，又要抓住转瞬即逝的发展机遇。正是在这样的时代背景下，我们提出了 T 型模式，旨在为中小企业指明一条专精特新的发展道路。

本书的撰写过程，不仅是对 T 型模式的深入挖掘，更是对中国中小企业成长的一次全面反思与总结。在梳理和研究企业案例的过程中，我们深刻感受到中小企业在成长过程中的艰辛与挑战，同时也为其创新精神与坚韧不拔所打动。

T 型模式的设计，并非空中楼阁，而是基于我们对企业实际状况的深刻理解和洞察。我们希望通过这一模式，帮助企业更好地应对外部环境的不确定性，实现持续稳健的发展。在设计 T 型模式时，我们强调了前台、中台、后台的有机整合，这是确保企业在市场环境中保持灵活性和快速反应能力的关键。

书中对数字化的探讨，也是我们紧跟时代步伐的体现。数字化已成为企业发展的核心趋势，我们将数字化理念与 T 型模式相结合，旨在帮助企业构建更为强大的核心竞争力。

此外，我们还深入探讨了政策、产业、资本等多方面的赋能机制，为专精特新企业提供了全面的外部支撑和发展动力。

在本书的压轴章节中，我们精心挑选了 6 个典型的"精一赢家"案例进行深入剖析。这些案例不仅验证了 T 型模式的实践可行性，更为广大企业提供了宝贵的经验借鉴。

在撰写过程中，我们得到了众多企业家、学者和行业专家的支持与帮助，特别是浙江大学邬爱其教授对 T 型模式结合专精特新企业的动态成长路径提出的新观点，给我们带来了很大的启发。同时，我们还要感谢中国企业联合会的朱宏任先生为本书作序，以及另外十位行业大咖的推荐；感谢浙江省领导、华为云单位的支持；感谢吉林外国语大学学术著作出版基金资助出版；感谢机械工业出版社的重视和编辑的辛勤工作。正是他们的参与和贡献，使得本书内容更加丰富、观点更加独到。

当然，我们也认识到，任何理论和模式都需要与时俱进、不断优化。随着市场环境的演变和企业需求的多样化，T 型模式也将面临更多的挑战与机遇。我们期待与更多的企业界朋友和研究同仁共同探讨、携手并进，推动中国中小企业的健康发展。

最后，我们衷心希望这本书能成为中小企业发展道路上的指路明灯，照亮它们前行的征程。在未来的岁月里，让我们携手同行，共创企业美好未来。同时，我们也会更加聚焦如何服务中国的专精特新企业，包括产业优化和品牌"出海"等方面，希望能联合更多政府部门以及行业标杆企业共同开展对专精特新企业的研学，更好地赋能中国专精特新企业的成长，为中国的经济发展贡献我们的力量。

限于编者水平，本书难免存在不足，希望读者能及时与我们沟通。联系方式：关注"聚焦与余光"（ID：Insight-ABC）公众号并在后台留言。

丁威旭、李平

（作者同等贡献，依据拼音音序排列）

2024 年 6 月